U0665226

基于新时代背景下的国企混合所有制改革

刘泽惠　著

中国原子能出版社
China Atomic Energy Press

图书在版编目（CIP）数据

基于新时代背景下的国企混合所有制改革 / 刘泽惠
著 . -- 北京：中国原子能出版社，2021.1
　　ISBN 978-7-5221-1201-5

　　Ⅰ. ①基… Ⅱ. ①刘… Ⅲ. ①国有企业 – 混合所有制
– 企业改革 – 所有制改革 – 研究 – 中国 Ⅳ.
① F279.241

　中国版本图书馆 CIP 数据核字 (2021) 第 020628 号

内容简介

　　本书属于经济管理与企业发展方面的著作，从新时代的背景着手，探讨国企混合所有制改革相关问题。本书共分七章，首先对过去三十多年内国企混合所有制改革的历程进行了简单介绍，接着阐述了国企混合所有制的概念、理论等内容，并针对国企混合所有制改革当中的股权问题、公司治理问题、国有资产管理问题进行分析，最后针对新时代国企混合所有制改革提出相应的对策与建议。本书适合所有制改革研究者及国企领导等人士进行阅读和参考，有利于深化国有企业改革，促进我国经济发展。

基于新时代背景下的国企混合所有制改革

出版发行	中国原子能出版社（北京市海淀区阜成路 43 号　　100048）
责任编辑	高树超
装帧设计	河北优盛文化传播有限公司
责任校对	冯莲凤
责任印制	潘玉玲
印　　刷	定州启航印刷有限公司
开　　本	710 mm×1000 mm　1/16
印　　张	11.25
字　　数	200 千字
版　　次	2021 年 1 月第 1 版　　2021 年 1 月第 1 次印刷
书　　号	ISBN 978-7-5221-1201-5
定　　价	45.00 元

前　言

　　国企混合所有制改革一直是我国国有企业改革的重点。2013 年的十八届三中全会释放了很多积极的信号，提出要全面深化改革。全会通过的《中共中央关于全面深化改革若干重大问题的决定》把"积极发展混合所有制经济"作为坚持和完善基本经济制度的重要举措，混合所有制改革成为国企改革的重点和突破口。2015 年，国务院印发《关于国有企业发展混合所有制经济的意见》，提出要分类、分层推进国企混改。对于主业处于充分竞争行业和领域的商业类国有企业，其混合所有制改革要以增强国有经济活力、实现国有资产保值增值为主要目标，以提高经济效益为导向，积极引入其他非国有资本，实现股权多元化。党的十九大报告也明确指出，"深化国有企业改革，发展混合所有制经济，培育具有全球竞争力的世界一流企业"。因此，坚持以资本为纽带完善混合所有制企业治理架构，使混合所有制企业成为真正的市场主体，已成为必然趋势。

　　新的时代背景下，国有企业也随着时代发展改革自身，经历了 40 余年的改革探索之路，国有企业在运营方式、管理模式等方面不断优化，取得了一些成效，但仍存在一些问题，如企业制度不健全等。2017 年，国家明确要继续深化国有企业的混合所有制改革，进一步扩大改革的突破口，明确要让每个股东与投资人都获得利益。

　　新时代国企混合所有制改革应当如何进行？国企混合所有制政治改革应当注意哪些问题？本书基于以上问题，对国企混合所有制的概念、理论等内容进行了阐述，对过去 40 多年的国企混合所有制改革的历程进行了简单介绍，并针对国企混合所有制改革当中的股权问题、公司治理问题、国有资产管理问题进行了分析，最后对新时代国企混合所有制改革提出了建议。

目　录

第一章　我国混合所有制改革发展历程 / 1

第一节　国企改革破局战 / 1

第二节　国企改革攻坚战 / 8

第二章　新时代国企改革理论体系 / 20

第一节　混合所有制经济相关概念及理论 / 20

第二节　国外典型所有制改革的基本逻辑 / 26

第三节　我国国企改革的目标体系 / 34

第四节　建立与现代化经济适应的国企改革动力体系 / 37

第三章　国企混合所有制改革的意义与突破 / 41

第一节　国企混合所有制改革的重要意义 / 41

第二节　当前国企混合所有制改革势态与模式 / 43

第四章　国企混合所有制改革中的股权研究 / 51

第一节　混合所有制企业股权结构概述 / 51

第二节　国有股权占比对企业绩效的影响研究 / 57

第三节　混合所有制企业员工持股制度研究 / 63

第五章　混合所有制企业混合所有制改革中的薪酬制度研究 / 73

第一节　薪酬概念及其基础理论 / 73

第二节　完善混合所有制企业薪酬机制 / 81

第六章　混合所有制企业公司治理研究 / 91

第一节　混合所有制企业公司治理研究概述 / 91

第二节　混合所有制企业治理机制 / 103

第三节　完善我国混合所有制企业公司治理的途径及保障措施 / 111

第七章　国有资产管理体制研究 / 117

第一节　国资改革引领国企改革的内在逻辑 / 117

第二节　完善国有资产监督管理职能 / 128

第三节　完善国有资产管理体制的基本思路和对策建议 / 131

第八章　新时代背景下深化国企混合所有制改革的对策与建议 / 144

第一节　国企混合所有制改革的关键 / 144

第二节　强化国企混合所有制改革监管 / 150

第三节　创造良好的国企改革环境 / 156

第四节　分层推进国企混合所有制改革 / 161

参考文献 / 169

第一章　我国混合所有制改革发展历程

国企混合所有制改革由来已久，在过去相当长的一段时间内，改革仅仅是对我国主体经济形态的有限补充，并没有构成我国经济的主体部分，也没有上升到党的十八届三中全会提出的顶层设计高度。在党的十八届三中全会之前，国企改革经历了漫长而曲折的摸索阶段。

国企改革一直是国家发展的重点，自党的十八届三中全会提出积极发展混合所有制经济以来，国企混合所有制改革受到广泛关注。尤其是自 2016 年下半年以来，混改得到了前所未有的重视。截至 2017 年 9 月底，共有两批 19 家央企进行了混改。其中，最引人注目的是联通混改。联通上市公司引进腾讯、阿里等公司的战略投资，实施员工持股制度，使联通集团持股比例降至 36.67%。

要积极贯彻落实新的发展理念，努力建设现代经济系统，推进社会主义市场经济机制的建立健全，不断深化国企改革，积极发展和践行混合所有制，培育具备世界竞争力的一流公司。可见，推动我国国企混合所有制改革已成为新时期迫在眉睫的艰巨任务。

第一节　国企改革破局战

一、混合所有制改革的产生和发展概述

1978 年至 20 世纪末是我国混合所有制的发展阶段。在这个阶段，主要表现为在农村经济发展过程中，产生了大量的混合所有制经济形式。改革开放初期，农村的混合所有制经济形式主要表现为大公有财产和农户私有财产共同使用、共同受益的合作经济。此时的合作经济主要包括乡镇企业与国有企业的联

营、乡镇企业与个体农户的联营以及乡村集体企业与农户私营企业的联营等几种主要形式。这几种联营形式主要是一些乡村集体企业或农户及农户私营企业利用自身的资源（主要是土地和劳动力资源优势），吸引国有企业搞合作，充分利用国有企业较为先进的技术和雄厚的资金来开发利用当地资源。国有企业则利用乡村企业土地资源多和劳动力价格低廉的特点，在两者之间取长补短，实现双赢。这种合作经济实际上是两种所有制的联合，也是农村中最早的混合所有制经济典型的合作、联营形式。

随着改革开放步伐的加快，农村混合所有制经济出现了新的形式。一大批农民在自己独立的财产权利基础上自发组织形成了超越家庭范围而又截然不同于原有集体模式的新的经济联合体。农村各种类型的合作社就是最典型的形式。这类新型的合作社实现了农户之间的联营，克服了单家独户经营的局限性，扩大了经营规模，实现了有限生产要素的合理搭配和组合，形成了较高的生产力。以今天的眼光来看，这就是混合所有制经济的最初表现形式。与此同时，农村原有的混合所有制形式也实现了新的发展，其中乡镇企业在 20 世纪 80 年代大发展的实践中，为混合所有制的诞生做出了重大贡献，特别是江浙地区农村乡镇企业的迅猛发展，直接推动了混合所有制的产生和发展。

1980 年浙江第一家外商投资企业——浙港合资西湖藤器企业有限公司成立，标志着外资开始进入浙江，混合所有制经济由此起步。浙江省混合所有制经济的初始是以"红帽子"企业的崛起为标志的。20 世纪 80 年代，浙江省大力兴办商品市场，注重培植多种所有制的市场主体，地方国营企业、街道企业、乡镇企业、农业多种经营广泛兴起，城乡居民投资兴办的小作坊、小工厂、小店铺应运而生，个体、联户、合伙等经济成分不断发展，出现了"红帽子"乡镇企业"异军突起"的大好局面。所谓"红帽子"乡镇企业，就是无论从企业资产所有权、出资形式，还是企业的分配形式、管理模式等方面看，都属于私营企业，但以集体所有制企业（主要是股份合作制）的形式进行工商登记，享受企业的用地、税收等优惠政策。到 1990 年年底，"红帽子"乡镇企业达到 49.51 万家，总产值达到 30.3 亿元，占社会总产值的 15%。自 20 世纪 90 年代以来，乡镇企业股份合作制在实践中应运而生，为混合所有制经济在农村经济发展中大显身手奠定了基础。

随后，"三资企业"迅速兴起，企业改制步伐加快。随着对外开放的扩大，与外国资本联合逐渐增多，以外商投资为主体的混合所有制经济形式迅速发展。改革开放以后，随着外资的进入，"三资"企业开始在沿海地区大量涌现。"三资"企业包括外商独资企业，以及外商与内地国有、集体企业创办的中外合资企业、合作企业。合资、合作企业无疑是一种混合所有制。它既有外商投资与国有经济合办的企业，也有外商与集体经济，甚至是私营经济合办的企业。到1991年，合资、合作企业已经达到8 500家，总产值196.1亿元，固定资产原值75.5亿元，利润9.8亿元，税金2.86亿元。1992年，邓小平南方谈话和党的十四大以后，我国继续积极探索公有制的有效实现形式，所有制改革开始进入制度创新的新阶段。这期间，对中小型企业主要进行股份制、股份合作制、引进外资、合资合作、企业兼并、联合、出售等多种形式的改革，将计划经济体制下的机制僵化的国有企业和城镇集体企业改组改造为"自主经营、自负盈亏、自我发展、自我约束"的多元投资主体构成的法人实体和市场竞争主体。随着对外开放深度的不断加大，我国利用外资的数量逐年增加，范围也逐渐扩大。外商投资数量的增加促进了外资经济与我国现存各种经济形式的联合，必然使混合所有制经济逐步壮大。截至2002年7月底，我国累计批准设立外商投资企业已超过40.85万家，合同外资金额7 996.45亿美元，实际使用外资金额4 247.65亿美元。自1993年起，中国已连续9年成为吸收外资最多的发展中国家。可以看到，在这一阶段，企业改制推动混合经济发展的特征明显，外商投资经济继续成为我国混合所有制经济发展的重要力量。

1978年开始的放权让利、承包经营等一系列政策和举措只是一时有效，从长远和根本来看，国企状况并未好转，至20世纪90年代初，反而再次陷入困局。当时国务院发展研究中心的统计报告显示，国企的亏损面超过40%，企业负债率则平均高达78.9%，与10年前相比，资产增长了4.1倍，债务则增长了8.6倍。

10余年的摸索虽然失败了，但并非全无意义。无路可走可能同时意味着绝处逢生。至少国企的困境让事实愈加清晰：国企长远发展的根本障碍在于计划和市场的冲突。有胆识的人已经看到，触及经济体制和企业制度的改革势在必行。

二、诸城——国企改革的先行者

1991年任山东省诸城市市长的陈光是国企产权改革的先驱，是谈论国企改革史绕不开的一个人物。

陈光刚刚就任市长时的诸城，国企正面临着严重亏损、难以为继的窘境，企业发不出工资，更没有利润可以上缴，市财政捉襟见肘。1992年4月，按照国家政策要求，诸城对150家市属独立核算企业进行审计，结果触目惊心：150家市属国有企业中，103家亏损，亏损企业占企业全数的近70%，其中的43家已资不抵债。审计部门在一家企业的仓库中看到，该仓库里满满地堆积着"文化大革命"时的军帽，但军帽一戳一个窟窿。与此同时，这堆腐蚀的军帽仍然以国有资产的名义保存在企业的账面上。实际上，20世纪90年代初，中国国企面临的是整体困境，诸城的情况并非个案。

陈光痛下改革决心。经过认真调研，陈光发现，"企业产权关系不明晰，利益关系不直接"是导致国企陷入困境的主要原因，"应该在产权制度上动点真格"。从1992年4月到1994年7月，在陈光的推动下，只用了短短15个月，诸城市282家国有和集体企业通过股份合作制等形式全部实现改制，其中90%以上的企业是将企业净资产卖给了内部职工，实现了国企的产权变更。

这样超前的做法，在风气还相当谨慎、保守的当时，不得不接受舆论的考验。

陈光的把握，首先缘于其敏锐的政治嗅觉。1992年，正是改革开放总设计师邓小平南方谈话的那一年，陈光启动了改革。将南方谈话精神具体化的党的十四大则在其后的几个月才召开，党的十四大报告中提出的"国有小型企业有些可以出租或出售给集体或个人经营"让陈光找到了理论依据。可以说，陈光的改革不仅是一次简单的尝试，更是从南方谈话中领悟到了政策风向之后的勇敢之举。

很快，诸城改革的消息就被媒体公之于众，而且一经报道，就引发了全国范围内的热议和争论，诸城和诸城市市长陈光在全国一夜成名。在很长的时间里，"卖光国企"和"陈卖光"一类的叫法不绝于耳，关于"公有制"的论争此起彼伏。

1996年2月，由国家体改委副主任率领的中央联合调查组赴山东诸城进行全面调查。经过8天的调查，调查组写出了长达73页的调查报告，最后得出的结论是，诸城的改革方向正确，措施有力，效果显著，群众满意。仅仅一个月后，3月20日，朱镕基在官员和学者等40多人的陪同下到达诸城进行考察。考察结束时，朱镕基对诸城市采取多种形式探索搞活小企业的做法表示肯定。中央的肯定平息了关于"公有制"的论争，至此，一直顶着"陈卖光"帽子的诸城市市长陈光才松了口气。

纵观历史，诸城改革是国企改革的先声，其成功的关键在于触及了国企改革的实质——产权改革，这种触及是先于政策的。1993年《中共中央关于建立社会主义市场经济体制若干问题的决定》出台，使"产权"二字第一次出现在国家和中央层面的文件中，具体的表述是，"进一步转换国有企业经营机制，建立适应市场经济要求，产权清晰、权责明确、政企分开、管理科学的现代企业制度"。

诸城改革作为国企改革的先行者，其成功的经验为即将开始的大规模国企改革提供了有益借鉴，并产生了深远影响。

三、政策与论争

政策是改革最直接的推动力，诸城的改革能够最终完成，与政策的认可、平息论争和直接推动是分不开的。改革中难以避免的论争则可以为政策制定的参与者提供难得的思路和借鉴。所以，要想认识国企改革的历史，梳理好国企改革中的政策和论争的脉络就显得尤为重要。

1992 年到 1993 年可以看作国企改革的前奏，中央决策层用两年的时间，顺利完成了对改革理论的奠基。这一时期，以 1992 年初邓小平南方谈话打破思想禁锢为起点。南方谈话的发表正值北京"两会"期间，谈话内容引起了舆论的轰动。紧随其后，1992 年 10 月 12 日至 18 日，党的十四大确立了邓小平理论在全党的指导地位，确定我国经济体制改革的目标是建立社会主义市场经济体制。实际上，这是对南方谈话精神的具体化和政策化。而后，1993 年 11 月 11 日至 14 日，在党的十四届三中全会上，通过了《中共中央关于建立社会主义市场经济体制若干问题的决定》，明确提出了国企要建立现代企业制度，并将现代企业制度概括为"产权清晰、权责明确、政企分开、管理科学"。至此，国企改革的大幕正式拉开。

1994 年 7 月，《中华人民共和国公司法》(以下简称《公司法》)正式施行。同年 11 月，国务院在北京召开现代企业制度试点工作会议，对即将进行的改革试点工作做了明确要求。1995 年，100 家企业被正式确定进行现代企业制度试点工作。这一时期，国家逐步形成了以"抓大放小"为特征的改革战略模式，重点抓好大企业，对中小企业则注重通过各种灵活的改造方式，放开放活。

1995 年 6 月，围绕产权改革，一场被外界称为"北大交火事件"的论争上演，论争的双方为同在北大供职的林毅夫和张维迎。张维迎教授和林毅夫教授的观点针锋相对：张维迎教授认为所有制属性是国企最根本的软肋，国企改革只有变更产权、民营化一途；林毅夫教授则认为企业能不能搞好跟所有制没有必然联系，国有企业的根本问题不在于产权不明晰，而在于其肩负着政策包袱，缺乏"公平竞争的条件与环境"，改革的当务之急是为国企减负，"剥离其战略性政策负担和社会性政策负担"。

1996 年 6 月，原国家体改委下发《关于加快国有小企业改革的若干意见》，在总结小企业股份合作制等经验的基础上，进一步推进小企业向市场化的方向改造。

1997 年，在邓小平去世之际，一份"万言书"流布甚广，"抓大放小"的模式受到了舆论的指责和攻击。"万言书"中说，"作为社会主义经济补充的私营经济、外资经济发展势头异常迅猛，已经威胁到公有制经济的主体地位"。指责者站在意识形态的立场上批评改革的新模式。他们认为，"抓大放小"的改革就是"以改造社会主义生产资料公有制为名，行否定公有制之实"。指责者的言论在不久召开的党的十五大上被否定，大会提出"非公有制经济是我国社会主义市场经济的重要组成部分"，国有经济少一些不会影响社会性质。此后几年，很多国有企业从竞争性行业中退出。

放小还要抓大，对于国有大型企业和集团，1998年3月，原国家体改委又下发了《关于企业集团建立母子公司体制的指导意见》。这进一步规范了国企改革的秩序。

随着社会主义市场经济体制的逐步建立和完善，由于改革的滞后，低效、亏损的问题日渐突出，国有企业改革因此被称为"最难啃的骨头"。1998年，朱镕基提出，"用三年左右的时间使大多数国有大中型亏损企业摆脱困境而建立现代企业制度"。同年，国家在纺织工业开始了以"压锭、减员、调整、增效"为内容的结构大调整。为了配合改革，国家推出了下岗职工基本生活保障及再就业制度，同时改革了与企业职工相关的各种制度。

1999年，国家继续对国有企业进行改制和战略重组，一批大型、国家重点企业进行了规范的公司制改造。1999年9月，党的十五届四中全会通过的《中共中央关于国有企业改革和发展若干重大问题的决定》指出，要从战略上调整国有经济布局，"坚持有进有退，有所为有所不为"。这一年，企业"国退民进"现象再掀高潮。

2001年，国家再度开展规范建立现代企业制度工作。全国520家国有重点企业基本完成公司制改造，初步实现了公司法人治理结构。

2003年，党的十六届三中全会首次提出了建立健全现代产权制度，预示国企改革将进入新阶段。

总的来说，1994年到2003年的10年时间，在建立和完善市场经济体制的大背景下，国企改革政策的主要方向为推进建立现代企业制度的改革，同时通过"抓大放小"等策略对国企布局不合理的结构进行调整。这一时期，关于国企产权改革的论争始终没有停息。

四、实践与功过

诸城改革是国企改革的先行者，也是国企改革第一个十年中诸多典型中的一个。10年的时间，在中央和地方政策的推动下，国家从总体经济布局和现代企业制度建设两个方面，对国企进行了诸多改革。如今看来，改革中出现的典型不在少数，而且这些改革举措的收效也是明显的，但改革过程中遭遇的挫折和争议也反映了改革不尽如人意的一面，下面介绍一下其间的典型案例和是非功过。

1994年以后，建立现代企业制度的试点在国企中展开，试点的对象确定为100家国有大中型企业，再加上地方确定的试点企业，参与试点的企业共达到2 500多家。试点的目标是要通过产权结构的改革，使国企成为"产权清晰、权责明确、政企分开、管理科学"的现代企业。这一年，国有企业亏损面超过40%。

1995年9月，在推进现代企业制度试点的同时，着眼于搞好整个国有经济，中央开始实行"抓大放小"的改革，到1996年已经渐渐成为战略。这一战略在其后不断推进。其中，对中小企业进行放活的产权改造实验虽然在1997年遭到了意识形态立场上的攻击，继而带来了公有制和私有制之争，但在同年，党的十五大定纷止争，肯定了"抓大放小"战略的正确性，保证了改革的顺利进行。

在"放小"战略的实施中，借鉴诸城改革的经验，通过实行改组、联合、兼并、股份合作制、租赁、承包经营和出售等形式的一系列改革，一大批国有中小企业被推向市场，在困顿之后获得了新生。这方面除了山东诸城之外，还有四川宜宾、黑龙江宾县、山西朔州、广东顺德、河南桐柏、江苏南通、福建宁德等许多地区，它们都在放活小企业方面进行积极尝试，并且收到了较好的效果。

诸城改革是一批中小企业成功改革的典型代表。改革的核心是产权改革。诸城市市长陈光在推行大规模改革前，首先选择了诸城电机厂作为试点。改制之前，这是一家总资产为270万元、职工有277人的企业。改制后，企业更名为"山东开元电机有限公司"，职工与政府磋商后，拿出的改制方案是9个厂领导每人出资4万元，20多个中层干部每人出资2万元，普通职工每人出资6 000元。在公司的成立大会上，市长陈光的一段话道出了"放小"的含义："十年改革，改来改去企业还是躺在政府的怀抱里。从今天开始，咱们两家的关系变了，变成你注册我登记，你赚钱我收税，你发财我高兴，你违法我查处，你破产我同情。"在继续进行了4家企业的改革试点后，1993年5月，改制在诸城全面铺开。

诸城改革之所以成功，除了触动产权外，严防产权变更的弊端也很关键。针对国企改革可能导致国有资产流失的风险，陈光后来表示："反对者都表示这么做是国有资产流失，改革前我就考虑了这个问题，严把资产评估、资产界定、资产出售三关。后来国家体改委、国务院调查组，包括朱镕基同志，都到诸城调研，肯定了诸城改革没有导致国有资产流失。"

另外，配套的社会保障政策到位，也是诸城改革经验的精髓。"我没有迷信'一股就灵'，更没有一卖了之，"陈光说，"企业产权改了，但配套的改革更重要，政府职能转变、干部制度、分配制度等都要跟上步骤，许多配套政策当时就跟上了。"由于在国内率先建立了社会保障的配套政策，有些改制的企业后来虽然也出现了问题，但都在可控范围之内。

需要注意的是，在实际的操作过程中，"放小"改革也暴露出明显的问题。问题突出表现在有很多地方的中小型国有企业被简单地"一卖了之"，部分地方甚至出现了国资"全面退出"的现象。问题引发的后果是严重的，这种简单粗暴的做法使改革和出卖画上了等号，而且地方为了响应政策，尽快完成变卖任务，往往是低价贱卖，这必然在国企大量减少的同时，造成了国有经济的严重损失。

1998年是特别重要的一年，被称为"国企产权改革元年"，在这一年，"国退民进"的趋势大大加强，国企改革私有化成风，出现一股"卖"国企浪潮。直到2003年，在国务院新一轮政府机构改革中，国务院国有资产监督管理委员会（以下简称"国资委"）成立，这种势头终于得到全面遏制。有文章称，在长达5年左右的时间里，"'国退民进'从一开始就呈现出泛运动化和法制监管空缺的特点。作为国有企业改革最大的战略调整，'国退民进'一直没有形成一个全国性的法制化改革方案"。这种分析是中肯、到位的。

国企改革过程中，相当程度上的法制缺位和政策的制定操之过急带来了模糊的灰色地带和钻营空间，一时投机盛行。与此同时，改革意味着利益调整，这种调整也催生了一帮目无王法的胆大之徒，这些人被利益驱使，在以身试法的路上越走越远，直至身陷囹圄。这是国企改革史上抹不掉的伤痛。

第二节　国企改革攻坚战

21世纪初到党的十八届三中全会之前是我国混合所有制深化完善的阶段。这一时期，股份制企业发展迅速，成为混合所有制经济的主要形式。20世纪90年代中后期，我国进一步加大了对量大面广的国有、城镇集体中小企业改革的力度，鼓励国有、城镇集体企业采取股份制改造、兼并等多种形式进行改制，同时着力引导企业在制度创新上深入改革，将符合《公司法》条件的企业设立为有限责任公司与股份有限公司，目前我国国有和城镇集体企业的改制任务已基本完成。近几年，国有企业的股份制改革促使国有控股、参股企业发展迅速，为混合所有制经济发展提供了更大空间。2002 年国有控股企业占全部国有企业实现利润总额的 77.7%，较 1997 年增长了 2.35 倍，国有控股型混合所有制经济增加值约占 GDP 的 12%。按照国有企业改革和国有经济布局结构调整的要求，我国现存的国有独资企业、公司，特别是竞争性行业的企业仍将进行多种形式的股份制改造。这部分国有独资企业中的一部分将改组成为股份制企业。我国实施的允许国内民间资本和外资参与国有企业改革改组的政策必将促进国有资本和各类非国有资本的联合，促进个体、私营经济与公有制经济的相互渗透与相互融合，从而大大促进了混合所有制经济的更快发展。以股份制为主体的混合所有制经济在 2009 年已占我国总体经济的 40% 左右，在 40 多年的改革开放历程中，股份制在实践中的发展是令人瞩目的。

一、国企改革大辩论

国企改革的新阶段要从 2004 年讲起，确切地说，是从发生在这一年的一场激辩讲起。这是一次围绕国企产权改革的大辩论，大批著名学者参与其中。

引发辩论的是经济学家、金融学教授郎咸平。通过发表论文和演讲，郎咸平先后对 TCL、海尔、科龙 3 家企业的产权改革表示了质疑。郎咸平认为，TCL 的股权改革是"以股权激励为招牌，以证券市场为渠道，使国有资产逐步流向个人的过程"，在这个过程中，持有 5.59% 股权的李东生是"TCL 改革的最大受益者"。

同样，郎咸平教授发表的《海尔变形记：一次曲折而巧妙的 MBO》和《格林柯尔：在"国退民进"的盛宴中狂欢》则分别将矛头对准了执掌两家企业的张瑞敏和顾雏军，指责他们在海尔和科龙的改制中侵吞了国有资产。

二、政策和论争

2003 年，也就是"郎顾之争"发生的前一年，是国企改革第二个十年的前奏。

这一年 3 月，国资委的成立是一件大事。新成立的国资委集中了过去中央几个部委在国企管理方面的职能，以出资人身份直接管理 196 家中央直属企业。国资委的成立标志着国家对国有资产新型管理制度的落地。2003 年底，党的十六届三中全会通过了《中共中央关于完善社会主义市场经济体制若干问题的决定》（以下简称《决定》），提出要"使股份制成为公有制的主要实现形式"，同时强调，要建立"归属清晰、权责明确、保护严格、流转顺畅"的现代产权制度。

实际上，在第二个十年的国企改革中，国资委起到了举足轻重的作用。国资委的成立和党的十六届三中全会的《决定》可以视作国企改革第二个十年开始的背景。

2004年，关于国企产权改革的"郎顾之争"并不是唯一的争议。这一年，中国政府开始了新一轮的宏观调控，要求严格控制对钢铁、电解铝和水泥行业的过度投资。在国家"加快建立和完善社会主义市场经济体制，充分发挥市场配置资源的基础性作用"的大背景下，政府却对企业强力干预，这种背道而驰的做法不可避免地受到了舆论的指责。

尤其需要注意的是，国有企业和民营企业在宏观调控中被区别对待，遭受的是高下判然有别的两种待遇。在钢铁行业的投资中，国企畅行无阻，民企却被严厉对待，只能忍气吞声。其后，2005年2月，"非公36条"，即《国务院关于鼓励支持和引导个体私营等非公有制经济发展的若干意见》发布，成为中国国内第一个促进非公有制经济发展的中央政策文件。政策允许非公有制资本进入垄断行业，进入公共事业、基础设施建设、社会事业、金融服务业和国防科技工业建设等领域。但在实践层面，由于受到种种限制，民营资本在垄断面前的弱势地位并没有改变。2010年，国务院发布"新非公36条"，执行仍难以到位。

在规范公司制度方面，2004年6月，国资委出台《关于国有独资公司董事会建设的指导意见（试行）》，并开展董事会试点工作，宝钢、神华等7家独资的中央企业成为第一批试点对象。到2012年底，参与董事会试点的中央企业扩大为50家，接近央企总量的半数。针对管理层收购（MBO）中出现的国有资产流失问题，国资委出台"五条禁令"。时任国资委党委书记李毅中明确表态："大型企业不能搞管理层收购，一些中小企业可以探索。"

股市方面，2005年，国家启动股权分置制度的改革。经济学家华生评价说："这是中国经济体制改革以来，时间最短、进展最顺利、对改革成效争论与分歧最小的重大制度改革。"可以说，这次股权分置改革标志着中国股票市场进入了一个全新的发展阶段。

在国企兼并重组、优化产业布局方面，2006年12月5日，国务院办公厅转发国资委《关于推进国有资本调整和国有企业重组的指导意见》，提出要"加快国有大型企业的调整和重组"，同时明确了国有经济对军工、电网电力、石油石化、电信、煤炭、民航、航运七大重要行业的绝对控制。未来国有经济的发展方向就是将国有资本重点向以上行业和领域集中投入。2010 年 8 月，国务院又发布《国务院关于促进企业兼并重组的意见》，目的在于通过企业的兼并重组，推动产业结构的优化升级。

在央企的社会责任方面，2007 年 12 月，国资委出台《关于中央企业履行社会责任的指导意见》。同月，财政部、国资委联合发布了《中央企业国有资本收益收取管理暂行办法》，国有企业开始上缴利润，上缴的比例按行业不同分三类执行，其中资源型央企上缴比例最高，为 10%。

在国有资产的监管方面，2008 年 8 月，国资委发布《中央企业资产损失责任追究暂行办法》。同年 10 月，《中华人民共和国企业国有资产法》通过并公布，自 2009 年 5 月 1 日起施行。政策和法规出台的目的在于遏制国有资产的流失。2009 年 9 月，国资委下发《关于进一步加强地方国有资产监管工作的若干意见》，进一步规范国资监管工作。

在增效和优化结构、提升央企竞争力上，2010 年，《中央企业负责人经营业绩考核暂行办法》正式实施。国资委在国企经营业绩考核中实行经济增加值（EVA）指标考核，替代了原有的净资产收益率。

在央企境外活动的管理方面，2011 年 6 月，为了管理好中央企业的境外资产和产权，国资委发布《中央企业境外国有资产监督管理暂行办法》和《中央企业境外国有产权管理暂行办法》。2012 年 4 月，为规范境外投资行为，国资委又发布《中央企业境外投资监督管理暂行办法》。

2013 年，党的十八届三中全会召开，全会公报指出，"要完善产权保护制度，积极发展混合所有制经济，推动国有企业完善现代企业制度，支持非公有制经济健康发展"。至此，混合所有制改革成为国企改革的新方向。

2004 年的国企产权改革大辩论之后，虽然没有再起大的论战，但关于国企改革的争议从未停歇。2007 年底，党的十七大召开，自此以来，批评国企的声音越来越多，尤其是 2008 年全球金融危机的风暴过后，关于国企改革的争议越来越激烈。

不难看出，这些争议已经不是简单的正反对立。这恰恰反映了国企改革正在进入深水区，观点的多元化显示出改革中实际问题的复杂化。

三、实践和功过

在国企改革的第一个十年里，国企的经营还普遍面临困境，如何让国企通过改革"脱困"一直是摆在改革者面前的一个难题。在第二个十年里，当亏损的阴影被渐渐甩在背后，一个越来越清晰的景象是逐渐摆脱困境的国有企业正在积蓄更大的力量，它们希望通过兼并重组，将自身打造成庞大的无敌战舰。可以说，这十年是国企高歌猛进的十年。

国企盈利能力提高了，规模做大了，固然可喜可贺。但是，国企仍然不够强大，政府对企业和市场的行政干预程度仍不能令人满意，国企低效的问题也并没有从根本上得到改变，国企管理层的腐败问题也依然没有彻底遏制，因此国企改革攻坚克难的任务没有完成。

2004年是国企改革第二个十年的开始，也是改革发生重大转折的一年。这一年，在国企产权改革的大辩论中，"国退民进"逐渐停下了脚步，而"国进民退"则以飞快的速度取而代之走向历史舞台，并在此后的十年主导着我国经济的大局。

一方面，国家启动了新一轮宏观调控。调控的原因是宏观经济过热，投资增速过快，尤其在重化工业领域，表现更为明显。此前，在2003年民营企业推动的"重型化运动"中，民营资本纷纷在钢铁、汽车、铝业、石化等能源型产业抢滩试水，向国企的产业垄断发起挑战。投资过热导致了能源紧缺，进而引发了激烈争夺，国家的宏观调控在其中扮演的是资源再分配的角色。于是，民营企业"顺理成章"地成为国家打击盲目投资的主要对象，而国有企业在调控中则进一步巩固了自己在垄断产业中的地位。

另一方面，国资委在2003年刚刚成立，就披挂上马实施了第一次央企重组。国资委定下的目标是到2010年将196家中央企业调整和重组到80～100家，其中重点打造30～50家具有国际竞争力的央企。国资委的成立和重组计划的出台意味着新的改革方向已经明晰起来，政策要收紧入口，确保央企对重点行业实行垄断，开放给民营企业的应该是完全竞争性的、产业下游的领域。

国资委成立，国家政策大幅向国企倾斜，在把国企做大做强的战略中，国企在"国进民退"中的真正表现如何呢？

从国企的利润增长情况看，形势是良好的。相关机构的统计数据显示，2004年，国有企业实现利润7 525.4亿元，其中国资委直接管理的中央企业实现利润4 879.7亿元。10年之后的2013年，国有企业的利润达到24 050.5亿元，其中中央企业实现利润16 652.8亿元。这种增长势头无疑是迅猛的，而且对比央企和地方国企的数据来看，相比数量更多的地方国有企业，国资委管理的央企数量少，规模和地位的优势则绝对是压倒性的。

从排名数据来看，也可谓形势喜人。2003年，在《财富》杂志公布的世界500强排行榜中，中国企业有13家上榜。2003年国资委成立后，国有企业作为冲击排行榜的主力，在榜单中的表现日渐突出。2009年上榜43家，其中国企 33 家；2011 年上榜 69 家，总量超过日本；2012 年达到 79 家，其中国企 68 家；到 2013 年，总数更是达到 95 家，而国企占到 79 家，同时在 2013 年上榜的 79 家国企中，有 45 家是中央企业，约占比 57%，而当年央企总数仅为 113 家。10 年间，国企上榜数量从 13 家到 79 家，增长了数倍，中央企业的表现更是可圈可点。

从两份宏观数据来看，无论是选择其中的哪一个指标进行分析，用高歌猛进来形容国企在这 10 年间的表现都绝不过分。

很显然，国有企业在 10 年间所取得的成就是不容忽视的。两份数据之所以如此华丽，尤其是中央企业在其中的优异表现，得益于国家把国有企业做强做大的宏观战略，这其中又离不开国资委的强力领导。那么，国资委为国企改革做了什么呢？

2003 年成立了国资委，作为国务院直属的正部级特设机构，在国务院的授权下，国资委代表国家对央企履行出资人职责。国资委的监管范围是中央所属企业（不含金融类企业）的国有资产。国务院对国资委的授权中，对国资委的职责做了明确界定，包括国有企业的改革重组、国企资产保值增值的监管、国有企业现代企业制度的建设、国有经济布局和结构的战略调整等。

国资委的成立结束了过去分权而治的局面，提高了行政效率。2003 年之前，出资人权利分布在国家的数个部门，国有资产的管理被戏称为"五龙治水"，资产权、投资权、日常经营、人事权各有其主。这种分权结构的弊端是协调困难，权责不明，各部门在管理中难以形成一致的意见和行动，都参与管理，又都不愿意对企业中出现的问题承担责任。

2003 年 4 月 5 日，国务院审议通过了国资委的主要职责，原国家经贸委主任李荣融受命担任国资委主任。从 2003 年上任，李荣融带领国资委行使对央企的监管职责，直到 2010 年卸任，7 年时间中，央企总资产从 7 万亿元增至 21 万亿元，有 30 家进入世界 500 强。李荣融用"一年诞生一个中石化"的说法来形容央企的飞速发展，言语中难掩自豪。

实际上，10 年间，国有企业的发展并不总是一帆风顺的。2008 年，李荣融卸任国资委主任之前，国际金融危机爆发，紧随其后，2009 年底，欧洲债务危机爆发，受两次危机影响，国有企业曾两度业绩下滑，但通过一系列调整和转型又获得了恢复，重新步入了发展轨道。

国资委在国企改革中所发挥的作用，概括起来有以下几个方面：

首先，对央企管理层进行业绩考核，建立奖励和约束机制。2003 年 11 月，《中央企业负责人经营业绩考核暂行办法》出台。国资委开始以出资人的身份，对央企负责人进行业绩考核，考核结果直接与奖惩挂钩。考核的对象包括央企的董事长和副董事长、总经理和副总经理、总会计师，甚至还包括纪委书记。

其次，按照现代企业制度要求，推进股份制改革，建立董事会制度和外部董事制度。现代企业制度要求决策权与执行权分离，从 2005 年 10 月起，为进一步完善公司法人治理结构，国资委开始在央企推广董事会制度，并在董事会中尝试实行外部董事制度。上海宝钢集团第一个参与试点，建立董事会并引入外部董事，被称为"国资委成立后最大的新闻"。到"十一五"末期，央企中的 70% 已经成为公司制企业，一批大型国企先后上市。

最后，加快战略重组步伐，调整央企的布局和结构。重组是为了将央企做大做强，并在重点行业和领域中，保持央企的垄断地位。在国资委直接推动的国企并购重组中，国企实力逐步壮大，国有资本逐步向石油石化、电力、国防、通信、冶金、机械等关系国家安全和国民经济命脉的行业集中，经济布局和机构得到进一步优化。与此同时，一批长期亏损、资不抵债和资源枯竭的国有企业通过政策性破产退出市场。

国资委一系列举措所带来的积极成效是有目共睹的。这种积极成效集中表现在国企数量减少，而实力在壮大，同时国有资本的结构和布局得到了很大的优化。比如，2013 年，中海油以 151 亿美元成功收购加拿大尼克森公司，实现了中国企业最大的海外并购。当年年中，在国家 39 个工业行业中，国有企业产值占比超过 50% 的仅有 6 个，国有资本更多地集中在关系国家安全和国民经济命脉的行业和领域，国有经济的活力、控制力、影响力不断增强。

另外，在国民经济和社会发展中，国企发挥的作用也是不可忽视的。特别是在金融危机中，国企在支撑中国经济中担当着中流砥柱的角色。国企研究院首席研究员李锦评价说，在国际金融危机期间，"国有企业的出色表现稳住了中国经济，作为中国经济基石的国有企业充分发挥了宏观经济'稳定器'的作用"。在国家遇到突发情况，面临困难和问题时，或者在社会公益和慈善事业中，国企对社会和国家也做出了很大的贡献。

但正如一个硬币的两个面，整个十年，国企改革有进步的一面，也有不被认可的一面，对十年改革的评价中，甚至不乏一些相当严厉的批评和指责。对比第一个十年，不难看出，这种指责多半基于一个不争的事实：在国企改革的第一个十年里，改革的目的在于使国企摆脱经营困境，当时的国企是走投无路，非改不可；到了第二个十年，国企已经实现了盈利，借助垄断地位不断扩张就能取得"业绩"，真正触及制度和利益群体的改革因为面临阻力，难以实行。

十年间，国企改革最基本的现实是"国进民退"大行其道，产权改革基本停滞，国家在对待民营企业和国有企业的政策上实行"双轨制"，一直为热心改革的人士所诟病。事实上，一种普遍的看法是，真正的国企改革从第二个十年开始之前到国资委成立后就基本停滞了。

其一，政企不分的局面未被打破，国企借助强势地位排挤民企，不利于整体经济的发展。

十年改革，在与国企的关系中，政府角色不但没有根本转变，反而出现倒退，党、政、企不分。2013年，华泰保险集团股份有限公司董事长王梓木在一个论坛上表示，党的十四届三中全会明确提出国企要建立现代企业制度，实现政企分开和产权明晰，但是后来出现了重大的倒退。

国企强势表现为有政策和资源优势，其直接导致了垄断和不公平的竞争，民营企业就只能接受被排挤的现实。

民间资本试图与国有资本竞争时，所遭受的不公正待遇一度有两种形象的说法。一种是"玻璃门"。2005年，国家推出支持非公有制经济发展的"非公36条"，提出了"非禁即入"的原则，即凡是政策没有禁止民资进入的行业，都可视为准入。但实际上，民营企业在进入某些领域时，却因为遭受了"无形"的限制而屡屡碰壁。这种看似开放准入，实则设障阻拦的现象被称为"玻璃门"。另一种是"弹簧门"。2010年，"弹簧门"一词入选2010年年度新词语，并收录到《中国语言生活状况报告》中。当年，继"非公36条"后，国家又推出"新非公36条"，进一步细化了覆盖的行业领域。但由于政策执行力度不够，没有切实落地，民营企业进入行业后，往往又会因为税收过重，缺乏政策支持等原因，受制于非市场的因素，被挤压"反弹"，最后不得不退出。

无论是宏观调控和国资委的央企重组计划所反映的垄断倾向，还是"玻璃门"和"弹簧门"，民企在其中艰难的境遇本质上都是由市场环境被权力干扰，民企受到不公平对待而导致的。在2004年的宏观调控中，戴国芳庞大的铁本项目在热火朝天的建设中被拦腰斩断，调查组认定铁本存在高投资项目分拆审批、违规征地等5项问题，事件处理的严肃程度史无前例，多名项目所涉及的地方政府人员受到惩处，戴国芳被判入狱。以铁本事件为界，此后，迫于宏观调控的强大压力，大批民营企业在钢铁、电解铝及水泥等行业的投资项目纷纷夭折。

同样是钢铁领域，就在铁本等其他民营资本项目被叫停的时候，国有资本和国际资本则被无限制放行。几乎在同一时间，宝钢、武钢、本溪钢铁、鞍山钢铁、唐山钢铁、马鞍山钢铁等一系列国有钢铁企业都有大动作，多数企业与外国的大型钢铁企业签约成功，项目规模之庞大，获批之容易，都足以令民企唏嘘不已。甚至，就在距离戴国芳的常州铁本项目仅百公里的苏州，戴国芳的项目刚刚折戟，澳大利亚博思格钢铁公司的 2.8 亿澳元的钢铁项目就奠基落户了。据说，这个项目从递交申请到获得通过，前后只用了 7 天。政策对待国企、外企、民企的不同态度，由此可见一斑。

另一个例子出现在石油领域。2006 年 9 月 22 日，壳牌润滑油收购北京统一石油化工有限公司 75% 的股权，一跃成为国内润滑油市场份额第三的企业，仅次于中石油和中石化。此前，统一已经是中国最大的私营润滑油生产商，占据国内 15% 的市场份额，在国内市场非常成功。

统一卖股权，是不得已而为之。统一总经理李嘉说："统一润滑油一直受中石油和中石化的原材料垄断所困。在中国，润滑油产业最下游的零售终端已经高度市场化，而产业最上游的原料基础油则被中石油、中石化控制。去海外采购则可能使成本增加 20% 左右。加入壳牌无疑可以成功突破国内两巨头的这种垄断，并且可以规避原材料价格波动带来的风险。"

受制于垄断，民营企业寄望于在重要行业的调整重组中得到发展，就不可避免地成为空想。2008 年，国际金融危机爆发之后，在中国政府推出的"四万亿"经济刺激计划中，国有企业借机扩张，进一步巩固了自己的垄断地位，成为"最大的获益者"。

其二，国有企业的效率仍然低下，盈利和创新能力备受质疑。虽然国有企业规模不断扩张，利润逐年攀升，但在漂亮的数据背后，国有企业的成功到底是来源于其自身的竞争力，还是来源于凭借其权力和垄断攫取的暴利，却是一个问题。中国社科院经济研究所研究员赵农曾经说："国有企业的账面利润虽然可观，但若将成本还原，即将不交的地租、少交的资源租和利息优惠去除，国有企业 2001 年至 2009 年，其净利润基本为负，其平均的净资产收益率为 −4.39%。"

2013 年，著名经济学家、北京大学光华管理学院原院长张维迎在接受《第一财经日报》采访时也说过："如果你把国企所有的隐性成本都扣除掉，好比资源税、利息，那么它 3 万亿元的贷款少交多少利息呢？1 500 亿元。此外，还有大量的资源被国企占有，但是并不交税。所以你把这些都算进去以后，国企的利润甚至是负的。"

2003 年国资委成立后，开始对国企实行业绩考核，这在一定程度上提高了国企经营效益。2008 年经济危机爆发后，国有企业面临的困难增大，考核目标难制定、难完成，压力空前增大。很多国企为考核达标，盲目投资房地产等利润高的项目，房价节节攀升。2010 年，国资委全面推行"经济增加值（EVA）"

考核，淘汰过去的净资产收益率指标。EVA 指标的考核更加贴近国企经营的真实状况，债务、股权等所有的资本都是有成本的，扣除所有成本之后的那部分才是真正的盈余。EVA 考核的推出让国企管理层很是头疼。

严格来讲，EVA 考核的推出虽然是一种进步，但其实并没有完全反映国企经营的状况，国有企业的产出还包括社会目标，如维护稳定等，而投入还包括隐性资源，如政策优势等，这些都难以反映。同时，由于无法统一管理者作为职业经理人和政府公务员的标准，EVA 标准在国有企业的考核中能否真正落实又是一个问题。

与国有企业的盈利能力同样备受质疑的是其创新能力。在 2010 年中国企业 500 强名单中，前 30 名的企业无一例外是国有企业。当年前 10 名的企业分别是中石化、国家电网、中石油、中国移动、中国工商银行、中国建设银行、中国人寿保险、中国铁建、中国中铁、中国农业银行。其中，中石化营业收入为 1.39 万亿元，在连续 5 年领跑后又一次高居榜首。当年的统计数据显示，美国利润率最高的行业分别是制药、互联网服务、零售等，中国分别是银行、港口服务、酿酒制造等。通过比较不难看出，美国高利润率的企业集中在高科技产业和服务业，反观中国，高利润企业则主要出现在传统行业，创新能力明显不足。

张维迎说："在谈论国企时效率非常重要，谈效率就是要看投入和产出是不是成比例。2010 年，国有工业企业占整个工业企业资产的 42%，但是它创造的产出只有 27%，创造的增加值占比 30%，解决的就业只有 20%，这样看来，其资源消耗和产出的贡献是完全不成比例的。"

真实的盈利能力和创新能力反映的是一个企业的市场竞争力。国企竞争力不足，说明国企改革并没有从根本上改变原有的体制，缺乏合理的激励和约束机制。改革的失败又要归因于改革动力的不足。试问，如果国企凭借垄断地位就可以坐地盈利，而改革却要触犯一些人的利益，改革的意愿从何而来呢？

其三，国企做大了，赚钱了，却没有尽到社会责任，没有让国民受益。

2014 年，华远地产董事长任志强在清华大学发表演讲，并在演讲中直言："在中国，银行是国有，电信是国有，石油是国有，没有一个企业比别人更优惠，或者不涨价。所有的银行都在增加各种各样的收费，电信也是。民众没有从这些国企中获得好处……国有企业上缴利润变成公共财政了吗？没有。60 多年来，我不知道国有企业到底给了我们什么好处。"

从国有企业的性质来讲，国有企业为全民所有，每一个公民都是国有企业的股东，国有企业做大了，获利了，自然应当承担一定的社会责任，利润则应该按一定比例上缴国家，使公民得到分红。然而现实是，凭借政策给予的垄断地位，国企一方面享受国家补贴，赚取巨额利润，另一方面老百姓并没有从中受益。

国企自身的垄断地位是由政策干预市场带来的，这种垄断在排斥竞争的同时，非但没有让老百姓享受到好的产品和服务，反而造成了行业暴利，长期以来，国有企业被指责"与民争利"，就是这个原因。仅以电信行业的"月租费"为例，其中的"月租费"被专家认为是计划经济的产物，该项费用的收取完全没有法律依据。但事实上，2004年底，电信企业向5亿用户收取的固定电话和移动电话的"月租费"，一年就超过2 000亿元。北京邮电大学教授阚凯力指出，暴利的垄断格局使电信企业安于现状，拒绝提升自身的服务水平。

国企赚取了高额利润，也并没有用于公共财政，上缴红利过低一直广受诟病。国企上缴利润是从2007年开始的，在此之前，从1994年到2007年，国企没有将任何利润上缴国家。2007年，财政部和国资委联合出台政策，国企开始上缴利润，但其最终去向，主要还是在国企内部的转移分配中被消化了。根据财政部公布的数据，2010年国有企业利润近2万亿元，其中上缴比例仅为5%左右。2012年，国有企业利润为2.1万亿元，仅970.68亿元上缴财政。仅就央企而言，2013年，央企净利润达到11 690.9亿元，但在公共财政预算和社保基金两方面的支出仅为194.42亿元，占比1.67%。就是在这样的情况下，相当一部分上缴的利润还是通过各种形式返还给了国企。

国企不应该成为"官企"，把国企做大也不应该是国家的终极目的，更不能因此成为阻碍生产力发展的绊脚石。当然，国企作为社会经济组成的一种形式，我们也没有必要全然否定其存在的意义，而是应该认识到，国企在成为国民经济重要支撑的同时，应让全体公民在国企的发展壮大中得到实惠。

其四，国有企业腐败浪费现象严重，这与国企僵化的体制难脱干系。

2009年7月，在北京市第二中级人民法院，因犯有受贿罪，中国石油化工集团公司原总经理、中国石油化工股份有限公司原董事长陈同海被一审判处死刑，缓期两年执行，剥夺政治权利终身，并没收个人全部财产。这一案件当时被媒体称为"国企腐败第一案"。

虽然从2004年6月起，国资委就出台了意见并逐步开展董事会试点工作，到2013年，参与董事会制度试点的央企已不在少数，但在实际操作过程中，由于建设不到位，很多时候董事会制度只是徒有其名，并没有真正发挥应有的作用。"花瓶独董""一人多职""董而不独""官员独董"等说法都是舆论对独立董事制度的批评。董事会制度的真正落实在于分权将政企分开，而央企聘任的独立董事，由于其聘任过程被大股东或大股东控制的董事会操纵，因此其代表的必然是大股东的利益。

由于改革不彻底，国有企业和政府权力"天然"的亲密关系没有被根本割断，造成海量的资源由国企管理层一手垄断，进而使其成为寻租的对象，而国企的内部体制又存在巨大缺陷，考虑到这一点，国有企业管理层出现的腐败就不足为奇。

在陈同海一案中，法院经审理查明，1999 年至 2007 年 6 月，陈同海利用其担任中国石油化工集团公司副总经理、总经理和中国石油化工股份有限公司副董事长、董事长的职务便利，在企业经营、转让土地、承揽工程等方面为他人谋取利益，收受他人钱款共计折合人民币 1.957 3 亿余元。在当年国企腐败案频发的大环境下，陈同海案不是唯一，但因其职位之高、案值之巨、掌管企业之多、影响之深，令人震惊，在当年被称为"国企腐败第一案"，毫不为过。

陈同海案之后，2013 年，同样在石油石化行业，中石油又爆出蒋洁敏、王永春窝案，多名高管被查，所涉企业数十家，案件的冲击力不在陈同海案之下。2013 年是中央反腐的"打虎之年"，除中石油外，中国移动也爆出窝案。据媒体统计，当年共有 31 名国企高管落马，其中 20 名为国企"一把手"。石油、电信等领域的央企因为拥有行政垄断优势，成为查出"大老虎"数量最多的地方。

北京科技大学经济管理学院教授、国务院国资委研究中心宏观战略部前部长赵晓认为，"部分国有企业在某些领域取得了事实上的垄断地位，由于拥有绝对的话语权和控制权，因而无论是在买方市场还是卖方市场都出现了较大的寻租空间，在缺乏制度制约的情形下，寻租机会必然演变成寻租现实"。

第二章 新时代国企改革理论体系

第一节 混合所有制经济相关概念及理论

一、所有制的相关概念

（一）所有制的概念

所有制是指人们对物质资料的占有形式，通常指对生产资料的占有形式，即生产资料所有制，是所有人行使所有权活动的行为规范。

生产资料所有制反映了生产过程中人与人之间在生产资料占有方面的经济关系，是所有人行使所有权活动的社会规范。所有权是决定社会生产劳动的目的、对象、手段、方法和结果的支配力量。生产资料的所有制结构是指不同的生产资料所有制形式，是社会生产目的的决定机制，是在一定社会经济形态中所处的地位、所占的比重，以及它们的相互关系。居于支配地位的所有制性质决定了该所有制结构的性质，也决定了社会生产的目的。

所有制结构是指各种不同所有制形式在一定社会形态中的地位、作用及其相互关系。它反映的是所有制的外部关系。生产资料所有制是生产关系的基础，社会主义基本经济制度是建立在生产资料社会主义公有制基础上的。我国社会主义初级阶段的生产力发展状况决定了其所有制结构必然是以公有制为主体、多种所有制经济共同发展。这正是社会主义初级阶段在经济制度上的基本特征。我国所有制结构变革可以粗略地分为三个阶段。第一阶段是从中华人民共和国成立初期到党的十一届三中全会之前，是以追求生产资料公有制为唯一发展取向的阶段。在所有制结构及发展规模方面片面追求"一大二公"，认为公有制的实现形式越纯越好。第二阶段是从党的十一届三中全会到党的十五大之前，是强调以公有制为主体，其他经济成分为补充，多种经济成分共同发展的阶段。第三阶段是党的十五大召开之后，追求公有制实现形式多样化的阶段。要求大胆地利用一切反映社会化生产规律的经营方式和组织形式，使混合所有制经济不断向前发展推进。

（二）混合所有制的概念

混合所有制从不同的角度有不同的解释。从社会角度来看，混合所有制是指多种社会所有制结构共存，即公有制与非公有制共同存在。以公有制为主体，多种所有制经济共同发展是混合所有制在我国的主要形式。从企业角度来讲，公有制成分与非公有制成分联合形成的企业所有制形态是一种企业的混合所有制。在我国，股份制是其重要实现形式。

企业的所有制形式是多种多样的。混合所有制是其中很重要的一种形式。这种产权组织形式是由不同所有制的所有权主体共同投融资、相互结合而成的，是不同性质的所有权形式在同一市场主体中的融合。这些所有权主体包括公有（国有、集体所有）、私有（个体、私营）以及外资和其他产权形式。它是一种超越行业，超越公有制与私有制的局限，跨越地域甚至超出国界限制的新型所有制形式和企业组织形式。它实现了不同行业、不同所有制形式、不同地区，甚至不同国家的不同所有者主体的结合。

企业混合所有制具有与社会化大生产、与市场经济相适应的优点。它也表现为一种财政制度。它可以包含众多的所有权主体，其所有权主体的财产也可以分布于以企业为形式的众多经济组织中。企业可以通过合并和重组，形成新的企业。它具有灵活性与复杂性并存的特点。透过纷繁复杂的企业组织和运作形式，混合所有制实际上就是一种财产共有关系。

混合所有制是随着资本主义的产生而发展起来的，其中发达资本主义国家是混合所有制出现较早的国家。在资本主义自由竞争阶段，资本主义经济依靠市场经济、私有产权和分配政策得到了疯狂的"扩张"和"繁荣"。但随着生产力的发展，各种市场主体在市场中竞争和融合，自由放任导致了资本主义向垄断资本主义阶段过渡，市场机制作用受到垄断的严重制约，市场出现失灵。在利润最大化的驱动下，垄断组织为获取高额垄断利润并维持垄断地位，通过制定垄断价格，压制市场竞争，导致资源配置效率低下，社会整体福利降低。垄断的最终后果导致贫富差距悬殊和两极分化，致使经济失衡、社会失序和政治动荡。这直接造成了 1929 年在美国出现的大萧条，以及后来席卷整个资本主义世界的经济危机，沉重打击了各资本主义国家。随着凯恩斯主义的盛行，各资本主义国家为挽救和重振经济，恢复社会经济秩序，混合所有制应运而生。

它有效弥补了市场机制的缺陷，造就了第二次世界大战后资本主义的大发展和大繁荣。图2-1为西方混合所有制产生的过程。

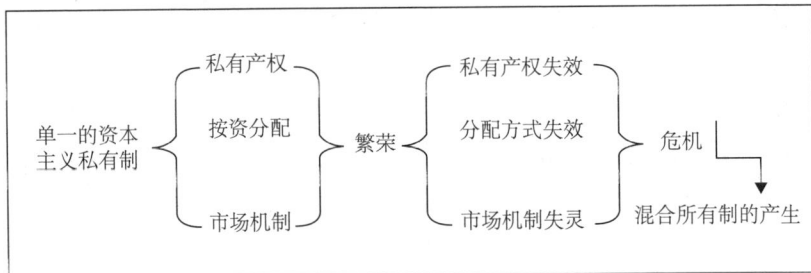

图2-1　西方混合所有制产生的过程

（三）混合所有制经济的概念

混合所有制经济从宏观上是指社会所有制结构中多种所有制并存和发展，包括多种所有制实现的形式和其经营形式的补充、发展。这是改革开放以来在所有制结构方面出现的新变化。

改革开放前，整个社会是单一的公有制，即国有和集体所有制。集体经济由于采取了国有经济的管理方式，被称为"二国营"，国有经济和集体经济全部在计划经济体制内生存和发展。改革开放后，涌现了一批个体经济、私营经济、外商投资等三资企业，我国的所有制结构发生了很大的变化，出现了多种所有制共存、竞争、合作的局面，有利于发挥各自优势，共同发展，也丰富了社会主义基本经济制度的内涵，形成了以公有制为主体，多种所有制共同发展的社会主义初级阶段的基本经济制度。

混合所有制经济从微观上是指企业层次的一种所有制。所有制有两种：一是单一的基本的所有制，如国家所有制、个人所有制等；二是混合型所有制，它是指两种或两种以上的单一所有制结合而成的所有制形式，如股份制企业、合作制企业、中外合资合作企业等。党的十五大报告和党的十六大报告中讲到混合所有制时，都指的是股份制，但混合所有制并不仅仅指股份制。

二、混合所有制的相关理论

（一）我国传统国有企业改革理论

中国传统的国有企业主要是通过20世纪50年代中期对资本主义工商业的社会主义改造和实施"一五"计划等方式逐步建立起来的。改革开放前，我国实行高度集中的计划管理体制，企业是政府部门的附属物，企业日常运转在很大程度上是依靠国家计划和行政命令推动的。在这种"社会大工厂"的模式下，企业厂长经理只是政府和上级主管部门决议的执行者，企业在人事、财务、采购、生产、销售、分配等方面都没有自主权，企业在国家计划调配下运转，企业经理和职工都不必为经营发愁，导致企业吃国家的、职工吃企业的"大锅饭"，企业效率极为低下，缺乏生产经营的积极性。

1978 年党的十一届三中全会召开以后，中国开始进行经济体制改革。国有企业改革从"放权让利"开始，经历了"两权分离"，建立和完善"现代企业制度等阶段。但国有企业改革任重而道远。

（二）股份制

党的十八届三中全会指出要积极发展混合所有制经济，被认为是新一轮全面深化国资、国企改革的主要路径，将推动我国以市场化兼并重组为主要手段的国资国企改革。

股份制亦称"股份经济"，是一种把分散的、不同人所有的生产要素，以入股方式集合起来，统一使用、合理经营、自负盈亏、按股分红的经济组织形式，也是企业财产所有制的一种形式。

混合所有制主要实现形式就是股份制，可以理解为混合所有制包含股份制。单一的私有股份制或公有股份制不是混合所有制经济，只有公有和私有股份混合的股份制，才是混合所有制经济。

股份制是现代企业的一种资本组织形式，其突出特征是财产占有形式的社会化。混合所有制是指由各种不同所有制经济按照一定原则，实行联合生产或经营的所有制形式。股份制是从资产组织运营方式的角度提出的，是所有制的实现形式，而混合所有制是从资产占有方式的角度来界定的，是所有制的内容实质，因此不能将所有制与其实现形式混为一谈。

当然，股份制与混合所有制经济也有一定的联系。我国混合所有制经济的主要组织运营方式和实现形式是股份制。应以股份制形式把公有和非公有两种不同的所有制联结起来，以更好地整合市场资源，提高市场竞争力和经济效益。

党的十八届三中全会提出要积极发展混合所有制经济，强调发展国有资本、集体资本、非公有资本等交叉持股、相互融合的混合所有制经济，强调混合所有制经济是社会主义基本经济制度的重要实现形式。

综上所述，混合所有制是现阶段不同所有制企业融合发展的共同归宿。随着混合所有制经济的进一步发展，未来人们关注更多的可能是国有资本的壮大和保值增值问题，国有企业的概念会渐渐淡化。因此，正确理解混合所有制与股份制之间的关系，有利于更好地发展社会主义市场经济，壮大国有经济。大力推动民营经济、外资经济参股国有经济，同时大力推进优质国有资本积极参股民营经济和外资经济，可以实现优势互补，壮大整体实力，达到资源配置的最优化，增强混合所有制经济主体的市场竞争力，提高我国经济运行的效率。

（三）产权理论

对于产权，不同学者有不同的理解和定义。综合众多学者的观点，笔者认为产权是一种具有排他性的、可以在竞争市场上公平交易的标的物。这种标的物可以是有形资产，也可以是无形资产，只有赋予其产权形式，才能在市场上交易。根据对产权的理解，可以归纳出产权具有以下特性，如表2-1所示。

表2-1　产权的特性及含义

产权的特性	含　义
排他性	产权主体具有对外排斥性或对特定权利的垄断性。它不仅意味着不让非产权主体从产权客体中受益，也意味着产权主体要对产权客体使用中的成本负唯一责任
可转让性	也称为可交易性、可让度性。产权主体有权按照双方共同决定的条件将产权客体转让给他人
有限性	产权与其他产权之间必须存在清晰的界限，产权特定权利的数量大小或范围是有限度的
可分解性	特定财产的各项产权可以分属于不同主体的性质，包括产权权能行使的可分工性、产权利益的可分割性，而且可以在不同的层次上体现出来，但其可分解性不是无限度的
明晰性	不同产权或不同主体产权的边界是明确的。任何产权，其所有者是确定的且是唯一的，因此其产权是明晰的
行为性	针对产权权能而言的，是指产权主体在财产权利的界限内有权做什么或有权阻止别人做什么

产权可以根据归属主体的不同，分为不同的类型。将财产权利赋予特定个人的，称为私有产权；将财产权利赋予某一群体并由群体中所有个体共同持有的，称为公有产权。在我国，坚持公有制为主体，体现在产权上就表现为国有产权和集体产权占主导地位。国有产权和集体产权都是公有产权的表现形式，国有产权是指财产权利由全体人民共同享有，而集体产权则指特定财产权利由某一特定范围的群体共同享有。

中华人民共和国成立初期，由于生产力水平和经济发展水平比较低下，为了集中力量开展社会主义现代化建设，提高社会生产力，快速发展社会主义经济，实行了单一的社会主义公有制。公有制具有集中力量办大事的优点，它能够在短时间内集中大量的社会经济资源，投入社会主义建设急需发展的领域，迅速推动社会经济发展。单一的公有制经济模式和产权所有制形式在中华人民共和国成立初期，为我国第一个五年计划的顺利完成和当时社会主义建设快速发展做出了重大贡献。

自改革开放以来，随着社会主义市场经济的迅猛发展，各种非公有制经济主体应运而生，公有制一家独大的优势逐渐弱化，其经营管理体制机制的弊端不断显现。公有制经济缺乏创造力，管理体制落后，机构臃肿，人员冗杂、人浮于事的现象随处可见。公有制凭借政治经济优势，在市场的各个环节与非公有制经济进行着一种非对等的竞争，影响着非公有制经济的顺利发展，使非公有制经济的活力难以充分释放。基于公有制经济自身存在的问题及面临内外部的困境，党和政府做出了对公有制经济实行混合所有制改革的战略决策。

发展社会主义市场经济很重要的一点就是要大力发展混合所有制经济，改变单一的公有制经济模式，因此产权制度改革就摆在十分重要的位置。在市场经济中，产权的界定具有重要意义。只有产权明晰，各种经济主体才能在市场上公平交易和竞争，才能充分发挥市场机制在优化资源配置中的作用，提高各种生产要素的生产效率和活力。公有制不具有产权特性中的明晰性和行为性，对市场经济的适应性较差。例如，管理者和生产工人不是生产资料的所有者，也难以受到全体所有者——全民的监督，管理者无法对全体所有者负责，形成了事实上的内部人控制机制，变成主要对自己及员工的利益负责，只为了提高自己的待遇，瓜分甚至侵占公有资产，导致人浮于事、生产效率低下。

市场经济中，在依法经营、按章纳税的前提下，独立法人是指拥有明晰的财产权、自主经营、自我发展、自负盈亏的市场主体。一方面，只有产权明晰，产权制度才能通过其特有的性质，激发个体追求利润的动力，提高个体的积极性和创造力，并在市场机制作用下，促进各种生产要素流动和优化配置，提高其使用效率。另一方面，产权的分散化、多元化有利于产权所有者降低风险，也有利于各产权主体跨行业、跨区域以及跨所有制的结合，可实现资源支配的社会化，促进社会化大生产的发展。

在我国，要实现经济的健康发展，一个重要的策略就是进行产权制度改革，坚持公有制的主体地位，大力发展混合所有制经济。混合所有制企业既能巩固社会主义国家公有制经济的主体地位，壮大企业国有资本实力，又能增强企业整合资源、掌握市场机会的能力，还有利于公有制与非公有制经济成分取长补短，相互促进，使企业管理经营完全按照市场机制进行。这种结合不仅有利于巩固社会主义基本经济制度，还有利于社会主义市场经济的发展。因此，产权制度改革是发展混合所有制的必由之路，是国企改革的重中之重。

第二节　国外典型所有制改革的基本逻辑

在过去的数百年时间里，世界上大多数国家都经历了大体相似但并不相同的所有制改革历程。相似之处体现在私有化与国有化的交替构成了所有制改革的基本内容，国有化并未彻底改变私有化在全球的推进趋势，其不同之处体现在各国所有制改革的成效差异显著。

一、国外所有制改革：背景、动因与总体性进程

（一）所有制改革的背景与动因

大体来看，全球所有制改革可分为三个阶段：一是第一次世界大战前后和大萧条时期（19 世纪末到 20 世纪 40 年代）；二是经济滞胀和新自由主义时期（20 世纪 70 年代至 20 世纪末）；三是美国次贷危机以来（2007 年至今）。

第一，在经济危机和第一次世界大战的冲击下，国有化伴随政府干预的兴起而推进。危机导致的经济衰退引发了政府的强力干预。从 1870 年到第一次世界大战爆发，西方各国出现了数次经济危机。1929—1933 年大萧条的出现则彻底打破了自由放任主义的神话，以罗斯福新政、凯恩斯主义为代表的国家干预思想开始兴起。第一次世界大战迫使政府动用国有化手段进行战备和重建。一方面，参战国在战时要增强国家对宏观经济的控制力；另一方面，战后由于私人资本不足，国家开始动用注资等方式新建、参股企业，力图恢复经济。在凯恩斯主义的影响下，国有化进程开始加速并且取得显著成效。

第二，在滞胀和国资低效率的压力下，新自由主义的泛滥带动了私有化的复兴。滞胀为新自由主义的盛行提供了契机。自 20 世纪 70 年代以来，长期实行凯恩斯主义政策使西方国家经济呈现滞胀局面。新自由主义坚称以需求政策为核心的经济干预造成了滞胀，并开出了松管制、私有化的"处方"。先后发生于智利、英国、美国等国的私有化在新自由主义的泛滥下开始盛行。战后国企的低效率则助长了私有化需求。国企的平均成本居高不下且亏损日益严重，不仅无法实现国有资本维护社会公平的初衷，也加重了政府的财政负担。私有化使政府改善了赤字，企业的效率也有所提升。在新自由主义的影响下，私有化浪潮涌向全球并产生了深远影响。

第三，在金融危机不断深化的情况下，国有化进程再次启动，以恢复经济秩序。金融危机的爆发迫使政府利用国有化稳定秩序。金融的虚拟化、泡沫化特征使危机蔓延的速度和破坏的强度十分惊人。发轫于2007年的美国次贷危机迅速演变为全球性的金融危机，并在不断深化中诱发了欧洲主权债务危机。西方各国先后通过政府注资购买企业新增股份和可转换优先股的方式重点对金融机构、实体产业实施部分国有化。事实表明，作为最后手段的国有化措施稳定了市场信心和秩序。

（二）所有制改革的总体进程

各国所有制改革的总体进程呈现出以下两个基本特点。

第一，所有制改革经常出现国有化与私有化交替进行的情况。比如，英国分别在1945—1951年和1974—1979年实行国有化，在1979—1990年又实行私有化，在2008年又推行了国有化措施；一些北美、南亚和拉丁美洲国家反复次数更多，如墨西哥、印度、巴西、玻利维亚等。这种更替除了受到特定历史事件冲击和经济社会思潮影响外，也与多党派轮流上台执政和根深蒂固的传统观念有关。

第二，数次国有化并未彻底改变私有化在全球推进的趋势。总体来看，世界经济呈现国有经济成分占比下降、私有经济成分占比上升的显著趋势。统计表明，全球平均每个企业的国内私人所有权占比为88%，国外私人所有权占比为9.3%，而国有产权仅占0.4%。分地区来看，国有产权占比最高的东亚和太平洋地区也仅为0.6%。分收入水平来看，中等收入国家国有企业产出占GDP的比重在20世纪80年代中期约为11%，但迅速推进的私有化将这个比重降低到了1997年的5%；同期，高收入国家国有企业产出占GDP的比重从15%下降到了3%。图2-2呈现了1988—2012年全球私有化收益的总额变动情况，除2001年和2011年私有化收益锐减外，其余年份的私有化收益呈上升或小幅震荡态势。

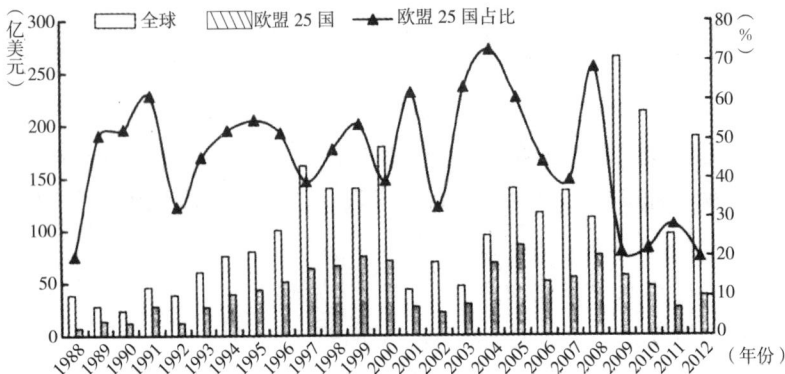

图 2-2　全球和欧盟私有化收益总额及欧盟占比

（资料来源：Privatization Barometer 公司 2012 年度报告）

二、国外所有制改革：逻辑、方式与差异化绩效

（一）所有制改革的逻辑与方式

理论上，所有制改革的总体目标是社会福利最大化，并存在效率优先和公平优先两条基本路径；现实中，各国政府则是根据可度量目标来推进所有制改革，以此实现社会福利最大化。表 2-2 将这些目标划分为宏观与微观两个层次。社会总福利由宏观层次度量，微观层次为宏观层次提供基础。

表 2-2　所有制改革中的可度量目标

项　目	公　平	效　率
宏观层次	收入合理	经济增长
微观层次	产权分散	竞争充分

资料来源：笔者根据相关文献整理。

不同情况下，政府着眼于不同层次的目标，同时对同一层次的目标赋权不同，从而形成了差异化的所有制改革逻辑。遵循不同的改革逻辑，政府在所有制改革中采用了不同的方式，进而形成了所有制改革的差异。

第一，不同方向所有制改革的逻辑起点在于政府着眼的层次。当国家需备战、重建或抵御危机时，多数国家会采取国有化改革来增强对资源的支配能力，从而加强政府对经济的控制力。所有制改革会强调"确保经济增长、加大财政支出、促进就业和收入合理"。在短期内国家能有效实行资源配置，加速经济增长并增加财政支出，提升宏观层面的公平与效率。因此，国有化的逻辑起点着眼于宏观层次，政府通过直接作用于宏观层次的公平与效率来增加社会总福利。两次世界大战、大萧条及次贷危机中的西方各国所采取的国有化就是遵循的这种逻辑。当国家需削减赤字、提升效率或改善业绩时，多数国家会采取私有化改革来降低国家对资源的干预能力，从而激发市场对经济的支配力。所有制改革会强调"确保竞争充分、企业增效、治理优化和产权分散"的逻辑。在短期内产权的分割会促进自由竞争并形成多元治理，从而提升微观层面的公平与效率。因此，私有化的逻辑起点着眼于微观层次，政府通过重塑宏观层次公平与效率的微观基础来增加社会总福利。滞胀中的西方国家和转型期的东欧、拉美、非洲和南亚国家所采取的私有化就是遵循的这种逻辑。用以上逻辑也可以解释国有化和私有化的更替以及私有化在全球范围内的推进现象。当国有化实现社会总福利增加后，股权集中、企业治理失效和市场垄断增加也会降低国有经济的效率及其促进公平的能力，通常表现为经营亏损、腐败滋生、债台高筑。社会总福利会趋于减少，由此出现国有化和私有化的更替。在制度逐渐成熟、竞争日益充分时，私有化也能促进宏观层面的效率和公平，因此私有化能在全球范围内持续推进，而当重大危机或战争发生时，私有化和国有化的更替才会发生。

第二，不同形式所有制改革的逻辑起点在于政府对目标的赋权。形式的差异有若干维度。以私有化为例，从具体途径上看，法国、印度多采用国家参股、部分出售的形式，而俄罗斯和英国多采用整体出售和剥离的形式；从节奏上看，中东欧与苏联在20世纪实行了剧烈的私有化，而地处南亚的印度的私有化则显得十分缓慢；从程度上看，欧盟的私有化收益占全球私有化收益的比重长期超过或接近40%，远远高于世界其他地区；从次序上看，英国的私有化最先始于能源、电信、公用事业部门，而其他西欧和南亚国家则更多的是从制造业和金融机构开始的。上述差异与不同国家的逻辑有细微差别有关。尽管都遵循私有化的逻辑起点，但不同国家在同一层面公平与效率各自兼顾多少存在差别。例如，在完全出售和剥离、部分出售、租赁和特许、资本化以及恢复五种私有化具体途径中，选择完全出售和剥离的国家相对较多地实现微观层面的公平；私有化节奏较快的国家相对更多地实现微观层面的效率；私有化程度较高的国家相对较少地牺牲宏观层面的效率；私有化从制造业开始的国家相对较少地牺牲宏观层面的公平。

（二）所有制改革的差异化绩效：事实与原因

所有制改革的差异化绩效令人吃惊。比如，私有化有力地提振了英国、印度等国的经济，却加剧了俄罗斯和部分拉丁美洲国家的经济动荡；国有化大力提升了法国、德国在战后和经济重建时期的经济实力，但对印度的经济发展助力甚微。事实上，绩效差异仍可以从所有制改革的逻辑起点找到部分原因。

1. 私有化改革的差异化绩效

中东欧国家和苏联属于典型的转型经济，并且在 20 世纪 90 年代实行了大规模的剧烈私有化。但结果则是经济衰退、产出下降和收入差距加速扩大。表 2-3 显示出大部分国家都遭遇了产出减少和收入分配差距扩大，如保加利亚、拉脱维亚、立陶宛、亚美尼亚和乌克兰等，总体上形成了效率与公平的"双输"，属于典型的非合意所有制改革，类似的情形还在墨西哥、巴西、委内瑞拉等国家发生。波兰、匈牙利等国则表现出在公平受到极小损害的前提下效率大幅攀升，总体上形成了效率与公平的"一增一减"，属于典型的合意所有制改革。造成这种差异的原因有两点：一是逻辑起点差异。保加利亚、拉脱维亚、立陶宛、亚美尼亚和乌克兰等国过分强调私有化的效率，从而实施了以直接出售和剥离方式为主的剧烈快速的私有化。波兰、匈牙利等国则相对更多地兼顾了公平，因此在形式上主要是国有企业的商业化和成立新的私有企业，速度上也相对缓慢。二是初始条件差异。适当的制度基础是私有化成功的关键。保加利亚等国由于长期实行计划经济模式，市场性法律和制度并不完善，迅速的私有化导致私人垄断剧增、新增投资和政府收益锐减。但波兰等国一开始就重视政府的稳定作用，相对缓慢的私有化提供了时间窗口，有利于政府和企业探索建立配套的制度和更有效的管理方法。

表 2-3　部分中东欧国家与苏联私有化期间的经济表现

国　家	产出下降幅度 /%	2000 年 GDP 指数	基尼系数		
			1987—1990 年	1993—1994 年	1996—1998 年
保加利亚	16	81	0.23	0.38	0.41
克罗地亚	36	87	0.36	—	0.35
捷克	12	99	0.19	0.23	0.25
爱沙尼亚	35	85	0.24	0.35	0.37

国　家	产出下降幅度/%	2000 年GDP 指数	基尼系数		
			1987—1990 年	1993—1994 年	1996—1998 年
匈牙利	15	109	0.21	0.23	0.25
拉脱维亚	51	61	0.24	0.31	0.32
立陶宛	44	67	0.23	0.37	0.34
罗马尼亚	21	82	0.23	0.29	0.30
斯洛伐克	23	105	0.22	0.25	0.30
波兰	6	144	0.28	0.28	0.33
苏联	50.5	62.7	0.28	0.36	0.46
亚美尼亚	63	67	0.27	—	0.61
白俄罗斯	35	88	0.23	0.28	0.26
乌克兰	59	43	0.24	—	0.47

注：2000 年 GDP 指数以 1990 年为基期，国家的统计中不含波罗的海沿岸三国。

数据来源：World Bank（2002）。

2. 国有化改革的差异化绩效

尽管初始条件并不完全一致，但印度与法国都利用国家主导工业化来提振经济。从成效来看，印度的国有化效率极低，但公平略有提升；法国的国有化效率较高，公平也有提升。印度在国有化阶段（20 世纪 50—80 年代）实际GDP 平均增长率仅为 3.75%。世界银行的统计表明，1991—1994 年、1995—1999 年和 2000—2003 年三个时期印度的 GDP 年均增长率分别为 4.86%、6.52% 和 5.42%，国有化缩小了收入差距。第二次世界大战后至 20 世纪 80 年代，法国经历了三次国有化运动。1950—1959 年工业生产年均递增 6.1%，GDP 年均增长 4.8%。1970—1974 年，GDP 年均增长创纪录达到 6.2%。同时，这一时期的收入差距出现了一定程度的缩小。造成这种差异的原因有两点：一是逻辑起点差异。尽管政府均力图通过在宏观层面增加总福利，但显然印度将更多的权重放在了公平，而法国则放在了效率。尽管国有企业效率极低，但印度政府和公众对私有化的热情并不高。法国则通过兴建企业、国家参股等方式提高了经济效率。二是初始条件不同。法国的国有化处在第二次世界大战之后的经济重建背景下，而印度则是脱离英国殖民统治，在独立过程中的经济重建。

三、英、法、德所有制改革

在所有制改革中，混合所有制作为一种较为特殊的实现方式被许多国家或地区所采用。表2-4列出了国有化过程中混合所有制在英、法两国的比较；表2-5列出了私有化过程中英、法、德混合所有制的比较。

表2-4　国有化过程中英、法混合所有制比较

国　家	英　国	法　国
途径	通过法案收编、新建企业	没收私有股份、新建企业参股
行业分布	邮电、通信、电力、煤气、煤炭、铁路、造船行业国有占比近100%，航空和钢铁行业、汽车工业和石油工业国有占比分别为75%、50%和25%	能源、采矿、钢铁冶炼、有色金属加工、基础化学、人造纤维、军工、航空、专业电子电信设备业国有占比超过50%；建筑材料、金属加工、陶瓷、工具制造、重工业材料、部分制造业国有占比低于10%；有机化学、制药、橡胶、农用机械、信息办公设备、家用设备、汽车与公路运输、造船业等国有占比为10%～50%
成效	企业提升生产力；政府提升对经济的控制能力；降低工业企业公共物品价格，促进公平；提升产业竞争力，保障出口	扩大了企业自主权；就业机会增加促进社会稳定公平；减少国外资本渗透保护民族工业；加强基础设施建设，促进社会均衡发展

表2-5　私有化过程中英、法、德混合所有制比较

国家	英国	法国	德国
主要措施及特点	两个阶段*实现私有化： （一）第一阶段以尚可盈利或亏损不太严重的企业为主，多集中于竞争行业，如石油、航天、电报电话、铁路、天然气设施等；第二阶段范围扩大到亏损较为严重的国有企业，且较大幅度地进入了公用事业和自然垄断性行业，如机场、钢铁、供水和电力等； （二）第一阶段采取股票公开上市的办法，第二阶段股票公开上市的明显减少，职工持有股份开始增多； （三）鉴于股份制改革的一些问题，政府改变了传统做法，不再实行"独家出售"，而是先拆分再出售	国有化企业（国家持股50%以上）数量锐减，混合经济公司（国家持股50%以下）数量攀升。 （一）国家在混合公司中持有的股份不低于10%； （二）国家股东参与管理，国家享有一人多票的权力及否决权（金股），部分情况下国家出让股份而不出让控制权； （三）通常采取股份有限公司的法律形式，国家只在混合经济总公司和母公司中控制股份，不在子公司和分公司中控制股份。后者大多被私人股份所控制，实行董事会和总经理负责制； （四）通过公开拍卖和市场外交易出售股权，进而实现资本开放，实行民众、雇员和核心股东制的国家拥有25%以上股份即为公有企业，其中又细分为纯公有、多数参股和少数参股企业	国家拥有25%以上股份即为公有企业，其中又细分为纯公有、多数参股和少数参股企业。 （一）维持公有企业的法律地位，主张股票大众化，政府委托银行组成的财团，通过股票交易市场出售股份； （二）渐进扩大退出范围和加大退出比重，但不放开国家干预； （三）参股形式多样化，包括内部职工持股、引入外资、股票上市、引入国内投资、国外收购和兼并等； （四）企业治理遵循双重委员会和股东大会的三权分立制度，职工派代表参与
成效	成功摆脱"英国病"；提高企业效率和业绩；缓解财政危机	竞争性公营部门缩小；财政状况明显改善；金融市场快速发展	财政收入增加；公共服务质量提升；公共服务社会化加快

注："*"分别是1979—1986年和1987—1991年。

由上述比较可以看出，不论国有化还是私有化，西欧市场经济国家基本都是通过产权混合和推进混合所有制经济发展，进一步完善激励机制，提高经济运行效率，同时提高公共服务质量，实现社会公平。因此，混合所有制在不同条件下具有多种方式，且都取得了较好的经济绩效。

根据上述分析，我们可以得出如下结论：第一，所有制改革的更替存在可

循的一般性原因，主要包括特定历史事件、经济社会思潮和意识形态。在这些原因和其他因素的共同作用下，所有制改革进程呈现出私有化与国有化交替和私有化在全球推进的基本特征。第二，逻辑起点影响了所有制改革的方式和成效。国有化的逻辑起点是政府通过直接作用于宏观层次的公平与效率来增加社会总福利；私有化的逻辑起点则是政府通过重塑宏观层次公平与效率的微观基础来增加社会总福利。同时，所有制改革的形式与初始条件共同影响了所有制改革的成效。

第三节　我国国企改革的目标体系

一、提出国企改革纲领的历史背景

自党的十八大以来，习近平多次在国企改革问题上发表重要讲话。在每年初的中央党校省部级领导干部学习班开班仪式上，在每年全国"两会"期间参加各省代表团审议时，在中央深改领导小组会议上，这些讲话都给人留下深刻印象。最为集中的是 2015 年 7 月在吉林考察期间。显然，习近平对国企改革的讲话一次比一次系统，一次比一次深入。

2016 年 6 月 30 日，国务院国资委向十二届全国人大常委会第二十一次会议做关于国资管理与体改情况的报告。相继制定出台 13 个专项改革意见或方案，还有 9 个文件正履行相关程序。这意味着顶层设计阶段已经过去，改革实施阶段已然到来。

二、以壮大国家实力与保障人民利益为基点

习近平强调，"国有企业是壮大国家综合实力、保障人民共同利益的重要力量，必须理直气壮做强做优做大，不断增强活力、影响力、抗风险能力，实现国有资产保值增值"。

这句话中，"壮大国家综合实力、保障人民共同利益"是对国有企业的重新定位。一是国家，二是人民，国有企业价值浓缩在这两个词内，地位突出。《关于深化国有企业改革的指导意见》的表述是"推进国家现代化、保障人民共同利益的重要力量"。"推进国家现代化"与"壮大国家综合实力"的用词变化是有深刻含义的。国企作为我国经济中的一大板块也必须要做大、做强，社会上国企"退出竞争领域"的观点和猜测是彻底的误区。

当前，我国改革进入攻坚期和深水区，能否坚定信心、凝聚力量、攻坚克难，确保各项改革举措落地生根，直接决定着改革成败。习近平的重要指示宣示了做强、做优、做大国企的合法性、合理性、合规性。

三、国企改革应当激发各类要素活力

理直气壮做强做优做大国有企业，必须要坚定不移深化国有企业改革，着力创新体制机制，加快建立现代企业制度，发挥国有企业各类人才的积极性、主动性、创造性，激发各类要素活力。要按照创新、协调、绿色、开放、共享的发展理念的要求，推进结构调整、创新发展、布局优化，使国有企业在供给侧结构性改革中发挥带动作用。要加强监管，坚决防止国有资产流失。要坚持党要管党、从严治党，加强和改进党对国有企业的领导，充分发挥党组织的政治核心作用。这前面两个"要"是强调改革的内容，一是国企改革，二是供给侧结构性改革；后面两个"要"是改革的要求，也是对国企改革的保障。

"着力创新体制机制，加快建立现代企业制度"是国企改革坚定不移的任务，而"发挥国有企业各类人才积极性、主动性、创造性，激发各类要素活力"则表达出国企改革的新意蕴。

目前，形成改革动力机制比提出改革方案更重要。构建供给侧结构的动力机制是一个系统工程，要研究改革对改革者带来什么利益。其中包括如何有效凝聚企业各阶层的改革共识，形成改革合力；如何让各利益相关方公平公开地开展良性博弈，进而主动推进改革；制定激励机制，让国有企业各类人才的积极性、主动性、创造性发挥出来，让人们认清趋势，看到希望，发自内心地拥护改革。

激发各类要素活力也包括要会用人，敢用人，大胆用改革者，大胆支持敢于发声的改革者。

四、正确理解国企改革的目标体系

在本轮国企改革过程中，国有企业的根本目标是做强做优做大，国有经济的目标是不断增强活力、影响力、抗风险能力，国有资产的目标是实现国有资产保值增值。当前国有企业的改革目标是"要尽快在国有企业改革重要领域和关键环节取得新成效"。

这是一个系统的、完整的、层次清晰的目标体系。怎样正确理解，并对这些目标的层次进行分类、分阶段实施，精准发力，是下一步摆在我们面前的重要任务。

做强做优做大是一个整体，不宜单独割裂来看。做大，不仅仅强调规模，更要兼具"强"和"优"，是强而优的"大"。经过多年快速发展，一些央企已经具备相当大的规模，眼下存在的主要问题是不够"强"，无效板块影响着企业的运行效率。

做强做优做大是从总体上与战略上强调的。国有企业要做强做优做大，但不能把"大"简单地理解为面面俱到、什么都干。调整优化国有资本布局结构是新一轮国企改革的重要方面。要通过改革，推动国有资本向关系国家安全、国民经济命脉和国计民生的重要行业和关键领域集中，向前瞻性、战略性产业集中，向产业价值链的中高端集中。正是出于这种考虑，国资委多次强调中央企业要专注主业，剥离非主业、非优势业务。该退的退出来，有助于把资源和力量向关键领域、重要行业集中，以更好地服务于国家战略。强调聚焦主业既是当前"瘦身健体"的内容，也是实现做强做优做大的必要路径。

做强做优做大是国企改革的最终目标。在不同阶段、不同领域，侧重点有所不同。从参与国际竞争的角度看，央企是"国家队"的代表，要具备较大规模才能更好地体现影响力，从而在国际市场上拥有更多话语权。这就有必要做"加法"，通过兼并重组提升国有资本的整体功能和运行效率，打造一批具有较强竞争力的跨国公司。从加快推进供给侧结构性改革的角度看，当前又亟待做"减法"，清理低效、无效资产，解决历史遗留问题，让企业轻装上阵，提高市场竞争力，也就是要"瘦身"。

不难看出，央企"瘦身健体"是现阶段央企发展与改革的一项具体措施，是战术性和操作性的目标，最终正是为了做强做优做大。

习近平强调，"各级党委和政府要牢记搞好国有企业、发展壮大国有经济的重大责任，加强对国有企业改革的组织领导，尽快在国有企业改革重要领域和关键环节取得新成效"。国有企业改革的责任与组织领导被单独提出，意味深长。"尽快"与"新成效"，任务明确而具体，是讲述怎样改革的问题。

我们必须清醒地看到，在一些地方和部门，贯彻党中央的改革决策部署不坚决、不全面、不到位，还存在官僚主义、形式主义的错误应对方式。有的单位以会议贯彻会议、以文件落实文件，在贯彻执行改革方案时打折扣、搞变通、做选择，"合意则取，不合意则舍"；有的领导干部缺乏担当精神，表现出畏难情绪，不敢啃硬骨头，不敢触碰固有利益格局，不敢打破体制机制的顽瘤痼疾；有的领导干部求稳怕乱，当改革的"鸵鸟"，把头埋在沙子里；有的地方在改革过程中欺上瞒下，偏离中央改革既定方向，致使人民群众的改革获得感不增反减。种种行为严重阻碍了国企改革的进程。目前，中国处在转型期，在改革过程中党员干部应当做改革的促进派，积极为国企改革注入新活力，开创新局面。

习近平还强调，要着力强化敢于担当、攻坚克难的用人导向，把那些想改革、谋改革、善改革的干部用起来，激励干部勇挑重担。因此，党员干部首先应当在思想上和中央保持高度一致，认同中央在改革方面的战略部署，特别对"四个全面"的内涵要有深刻理解；其次，在行动上，要做促进改革的事，不懈怠，不停步，不能无所作为，更不能阻挠改革；最后，要会用人，敢用人，支持敢于改革的人，支持敢于发声的人。从根本上看，是要有改革的精神状态。

习近平在关键时刻对国企改革做出的指示将鼓舞我们坚持市场取向，突出问题导向，紧紧围绕增强国有企业活力、优化国有经济布局、提高国有资本效率、防止国有资产流失、加强党对国有企业的领导，进一步解放思想，勇于创新，主动作为，不断把国企国资改革引向深入，为经济社会发展做出新的更大贡献。

第四节　建立与现代化经济适应的国企改革动力体系

党的十九大报告明确提出，中国特色社会主义进入了新时代，提出了新矛盾，还首次提出要"建设现代化经济体系"。报告指出，我国经济已由高速增长阶段转向高质量发展阶段，正处在转变发展方式、优化经济结构、转换增长动力的攻关期，建设现代化经济体系是跨越关口的迫切要求和我国发展的战略目标。国有企业是建立社会主义"现代化经济体系"的主体，要建立与现代化经济相适应的国企改革动力体系，国有企业的动力体系变革也进入关键时期。怎样理解国有企业现代化经济体系，建设什么样的国有企业经济体系，如何建设适应现代化经济的国企改革动力体系是当前值得研究的重大问题。

一、建设现代化经济体系的必要性

建设现代化经济体系是解决新时代主要矛盾的必然选择。

党的十九大报告从基础任务、战略支撑和制度安排三个层面全面界定和定义了建设中国现代化经济体系的科学内涵。作为全面建设现代化经济体系的制度安排，强调"着力构建市场机制有效、微观主体有活力、宏观调控有度的经济体制"。这个"微观主体"是企业，而国有企业也应当是新时代改革的实践者与推动者。

现代化经济体系建设有助于化解"不平衡、不充分"发展的矛盾。经过改革开放 40 多年的发展，尤其是党的十八大以来我国经济社会发展取得了举世瞩目的成就。我国社会的主要矛盾已经由"人民日益增长的物质文化需要同落后的社会生产之间的矛盾"转化为"人民日益增长的美好生活需要和不平衡不充分的发展之间的矛盾"。我国社会主要矛盾的变化是中国特色社会主义进入新时代的一个重要标志。当前，我国经济已经进入高质量发展新阶段，发展方式转变、经济结构优化、增长动力转换等战略要求将更加突出，而这些战略要求也是当前我国社会主要矛盾在经济层面的集中体现。建设现代化经济体系就是要围绕这种宏观经济发展态势变化，坚持质量第一、效益优先，在促进高质量供给体系建构与强化的同时，变革落后的生产方式、消费方式和分配方式，形成一种最大限度融合现代科技创新的新兴经济模式，以及最大限度优化各种资源配置的新产业体系。

现代化经济体系建设有助于提高全要素生产率。党的十九大报告提出了提高全要素生产率的迫切要求。全要素生产率与实现更高质量、更有效率、更加公平、更可持续发展，以及建立现代化经济体系直接相关。它既是创新的一种度量，也是创新的一种手段，归根结底是一种资源配置效率。提高全要素生产率是一个关键性的问题，也是建设现代化经济体系的核心问题，需要通过一系列的配套改革措施加以推进。经济学家熊彼特提出了创造性破坏理论，即许多更高的生产率、更高的竞争力是通过破坏达到的。在一些发达国家，企业进入、退出以及生存、消亡对全要素生产率提高的贡献可高达 1/3 到 1/2，这是由企业之间资源重新配置实现的。中国企业的"走出去"主要是指重新配置全要素生产率，使价值链走出去。以中国企业为主导的全球价值链有两条，一条以高端技术为主导，另一条以转移加工组装环节为主导；前一条价值链布局以科技优势为导向，后一条价值链布局以禀赋的比较优势为导向。中冶赛迪在越南河静项目中，面对世界最强钢铁建设企业竞争，不是以世界第一的高炉技术，而是是以全要素生产率拿下的项目。这种价值链是依靠创新驱动攀升到全球价值链中高端，是中国经济发展到新时代的需要。中国企业不应再固守过去那种以比较优势嵌入全球价值链的格局，而是要在一些产业全球价值链的主导地位、附加价值和竞争优势中建立以我为主的全球价值链。

现代化经济体系建设有助于提高供给体系质量。党的十九大报告指出，建设现代化经济体系，必须把发展经济的着力点放在实体经济上，把提高供给体系质量作为主攻方向，显著增强我国经济质量优势。

现代化经济体系建设有助于动力变革。建设现代化经济体系，就是要发挥市场在资源配置中的决定性作用和更好地发挥政府作用。面对新时代的社会主要矛盾，必须要坚定市场化改革方向，因为这是解决发展不充分的关键条件。推进市场化改革，必须要重新界定政府与市场之间的权力边界，要根据社会主义市场经济改革的要求，转变政府职能，深化行政体制改革，深化财政金融体制改革，优化产业政策，完善宏观调控方式。

二、现代化国家经济体系及其趋势

经济全球化在曲折中发展，联动经济状态开始出现。在不断发展的科技革命和生产国际化的推动下，各国经济相互依赖、相互渗透日益加深，各国生产、流通、分配等领域紧密联系，逐渐向一体化方向发展。经济全球化是生产力和国际分工高度发展的产物，是第二次世界大战后新科技革命推动的结果，它是与信息经济相适应的。

以大企业为标志的综合国力的竞争不断加剧。综合国力是指一个国家所拥有的全部实力和潜力以及在国际社会中的影响力等，集中表现为经济实力、科技实力、国防实力和民族凝聚力。它是衡量一个国家在国际社会中的地位和作用的重要尺度，反映一个国家生存和发展的内力以及在国际社会发挥影响力的外力的总能力。冷战结束后，大国实力较量的主战场转向经济领域。为了提高国际竞争能力及在世界经济中的地位，以经济为中心的综合国力的竞争不断加剧。

追求数量和速度的增长方式将让位于追求质量和效益的增长方式。在新科技革命的推动下，各国经济增长方式由"外延式"向"内涵式"转化，对自然资源的依赖程度相对减少，而对科学技术、信息和人的素质的依赖程度大大加强。新科技革命还引发了世界性的产业结构调整。新科技革命使各国的经济联系和协作关系更加紧密，为国际交往提供了前所未有的高效率信息载体，为全球性世界市场的形成提供了技术手段。

以市场化为目标进行经济改革。20世纪80年代末到90年代初，一场大规模的市场化浪潮席卷全球，这既是经济全球化的必然结果，又是推动经济全球化进一步发展的动力。一方面，世界市场的人为分割被消除，全球统一市场得以出现；另一方面，世界各国普遍接受了市场经济概念。当然，部分国家付出了巨大的代价。市场经济体制在全球范围内的运行为经济全球化创造了体制方面的条件。进一步完善不同市场经济模式的运行机制和效能将成为世界各国共同面临的长期任务。

世界经济发展不平衡，形成巨大空间。发展不平衡是世界经济的基本规律。"不平衡"既指发展水平的不同，也指经济实力上的差距，更多的是指发展速度上的差距。发展不平衡规律的重要表现是后进国家可以利用"后发优势"赶上甚至超过先进国家，打破原有的格局。同时，现代发达国家的企业从发达国家向新兴工业化国家和地区及其他发展中国家转移，形成了新的国际分工格局。

国有经济结构调整，资本股份化、社会化成为突出趋势。自 20 世纪 80 年代以来，世界各国普遍进行了重大的经济改革与调整。在各国的具体实践中，多种所有制形式并存成为一种普遍的现象。在资本主义国家，各种股份公司和跨国公司得到迅速发展，资本的股份化、社会化成为资本主义经济中的突出趋势。

企业兼并浪潮风起云涌，加强联合，巩固垄断地位。企业的现代化改造加快，这包括以股份制为核心的企业组织形式的改造、企业的兼并和重组、企业管理方式的改变等。特别引人注目的是，自 20 世纪 90 年代以来，出现了一浪高过一浪的企业兼并浪潮。通过联合与兼并的扩展，跨国公司有效地扩大了经营规模，降低了成本，以控制销售渠道，增加市场占有份额，使自己成为经济领域里名副其实的"航空母舰"。

企业社会保障体系的改革方式灵活多样。社会保障制度起着维持社会稳定和减少震荡的重要作用，因此得到西方各国的长期重视并不断加以完善。但 20 世纪 80 年代以后，由于公共开支的不断上涨，目前各国都把社会福利制度作为改革的重点，主要做法是实行政府、企业和个人的结合。

跨国公司对外投资速度大大加快。跨国公司是世界经济中最重要的非国家行为主体，是指在两个或两个以上国家同时进行经营活动的公司，它包括母公司及其在国外设立的分公司，是世界经济舞台上集投资、贸易、金融、服务等经济功能于一身的特殊主体。近年来，跨国公司的发展出现了一些新的趋势，主要表现为对外投资速度大大加快，内部组织管理方式进一步调整，采取更为灵活的方式来实现自己的战略目标。

第三章 国企混合所有制改革的意义与突破

第一节 国企混合所有制改革的重要意义

一、混合所有制改革是国企改革的突破口

2016 年底召开的中央经济工作会议指出，混合所有制改革是国企改革的重要突破口。

国家发展改革委会同国资委于 2016 年启动实施第一批混改试点，确定了东航集团、中国联通、南方电网、哈电集团、中国核建、中国船舶等中央企业列入第一批混改试点。联通混改方案的提出更是形成突破、形成高潮的一个象征性事件。

提出把混合所有制改革作为国企改革的突破口是对国企改革理论分歧的统一，是党中央从实际出发的重大抉择。习近平在中国共产党中央全面深化改革委员会（以下简称"深改组"）第三十八次会议重要讲话强凋，"对已经出台的改革举措，要对落实情况进行总体评估，尚未落地或落实效果未达到预期的改革任务，要继续做实，确保改革落地见效、蓝图变成现实"。深改组在第三十七次会议讲到改革时指出，"对滞后的工作要倒排工期，迎头赶上，对一些难度大的改革，主要负责同志要亲自推动，跟踪进度，敲钟问响。要坚持锐意进取，发扬敢为天下先的改革精神，对改革中的阻力要敢于破除，抓好改革试点工作"。会议指出，要形成允许改革有失误、但不允许不改革的鲜明导向。第三十六次会议强调，各有关方面要对已经出台的改革方案经常"回头看"，既要看相关联的改革方案配套出台和落实情况，又要评估改革总体成效，对拖了后腿的要用力拽上去，对偏离目标的要赶紧拉回来。联通混改，我们可以从

中看到党领导国企新一轮改革的气势与背水一战的决心。

二、混合所有制能加快国有企业改革的进程

在国有企业中推行混合所有制，可以有效地减少国有企业资本的大量投入，国家可以运用比较少的资本来发展经济和把握社会资本，从而更好地提高经济效益。混合所有制是我国所有制结构调整中出现的一种新的事物，对企业内部实现公有制的主体地位具有直接、有效的推动作用，为国有企业的改革进程创造了有利的条件，对国有企业建立新的企业制度具有重大的现实意义，所以我国要进一步发展所有制经济，进一步深化我国的国有企业改革。

三、混合所有制能够促进国有企业的资源优化配置

在国有企业改革中，实行混合所有制经济能够促进国有企业的资源优化配置。实行混合所有制可以统筹国内和国外两个市场，充分地利用国内和国外两个市场的有效资源，促进国有企业的经济发展，实现资源利用的最大化。当今世界是一个社会化大生产的社会，在市场经济的大背景下，在全球市场中企业与企业之间的竞争越来越激烈。国有企业要想在市场经济中站稳脚跟，就必须实行混合所有制经济，这是国有企业改制中的一项重要的选择和决断。

四、混合所有制为国有企业改革创造了契机

实行混合所有制为国有企业改革和转型提供了良好的契机，为国有企业的改革注入了新鲜的活力，使国有企业在市场竞争中取得了重要的优势地位。同时，实行混合所有制能使政企分开，为国有企业的改革创造良好的发展空间和发展机会，使其建立起现代企业制度，逐步走上正轨，与经济全球化和市场经济的要求相接轨。除此之外，国有企业可以了解到各种所有制经济发展的状况，为其做出正确的企业发展决策提供借鉴。

五、混合所有制能够推动国有企业的开放性

混合所有制经济不仅有国有的、集体的经济，还有一部分外资经济成分。在国有企业改革时，推行混合所有制，能够促进国有企业走向国外市场，使其更加有效地使用国外资本来发展国民经济。同时，可以引进国外先进技术和管理经验来发展国有企业，使其走向国际化、现代化，从而有效地达到国有企业改革的目的，使国有企业更加开放。所以，混合所有制能够推动国有企业的开放性。

第二节　当前国企混合所有制改革势态与模式

很长时间以来，国企混合所有制改革一直是一块"难啃的硬骨头"。自中央经济工作会议确定将混合所有制改革作为国有企业深化改革的重要突破口以来，国家发展改革委出面，与国资委一同抓国企的混合所有制改革，从而出现了亮点纷呈、模式多样的局面。

2017 年 5 月 23 日，习近平在中央深改组第三十五次会议上指出，要加大对试点的总结评估，对证明行之有效的经验做法，要及时总结提炼、完善规范，在面上推广。要区分不同情况，实施分类指导，提高改革试点工作有效性。

一、当前国企混合所有制改革的新形势与主要模式

（一）当前国企混合所有制改革的新形势

从整体形势看，国企新一轮混合所有制改革是提出"推进混合所有制改革是深化国企改革的重要突破口"，紧锣密鼓抓试点的阶段。2016 年 9 月 28 日，国家发展改革委召开专题会，部署了国企混合所有制改革试点的相关工作。到 10 月初，国家发展改革委明确央企"6+1"混合所有制改革试点正式推出。2017 年 3 月 31 日，在电力、石油、天然气、铁路、民航、电信、军工七大领域迈出实质性步伐，形成一批典型案例。

截至 2017 年 5 月，第一批 9 家混合所有制改革试点的方案已基本批复，第二批 10 家试点企业名单已经确定，第三批试点也着手启动了遴选工作。

中国联通停牌并发公告称，拟通过非公开发行股份等方式引入战略投资者。中粮集团正式启动了旗下金融板块专业化公司中粮资本的混合所有制改革项目，通过增资 + 转股，引入社会资本和员工持股，成为中粮集团加速混合所有制改革的重要标志。另外，国家电网公司、中国电力建设集团也积极制定混合所有制改革方案，中国兵器工业集团制定了军工混合所有制改革试点的初步方案并确定了 4 家试点单位。

地方国企混合所有制改革也在提速。包括北京、天津、上海、山东等超 20 个省区市，均把进一步推进国企改革列为 2017 年的重点工作，并根据自身情况制定了改革路线图和时间表。

国企新一轮混合所有制改革试点向核心领域发展，行业涉及配售电、电力装备、高速铁路、铁路装备、航空物流、民航信息服务、基础电信、国防军工、重要商品、金融等重点领域。

新一轮混合所有制改革的内容和目的更具体化了，不仅在于对企业的选择，更在于试点要实现企业制度创新。在企业制度创新上，尤其要引入战略投资者，优化企业股权结构，加快实施薪酬制度改革和劳动用工制度改革，探索员工持股可行路径等。

（二）当前混合所有制改革的主要模式

当前混合所有制改革的主要模式分为整体上市、引进战略投资者、资产重组、清理退出与员工持股（包括股权激励）4 种。

1. 整体上市或借壳上市

国企整体上市实现多途径的增资扩股是混合所有制改革的方式之一。国企上市的途径主要有三种：一是母公司整体上市，如五大银行、三大电信运营商均实现了整体上市；二是母公司不上市，旗下子公司均陆续上市，如中航工业；三是将公司资产注入已上市的子公司平台，变相实现整体上市。

上市分为主业资产上市、整体上市和多元业务分别上市。其中，主业资产上市也是分拆上市的一种形式，是指将集团的主营业务或与主营业务相关的资产改制重组后上市，而与非主营业务相关的资产则留在母公司。采取此种方式的企业包括上海的交运集团、城建集团、华银电力等。主业资产上市这种模式的缺点是没上市的非主营业务的资产质量、盈利能力较低，阻碍了整个企业的发展。一般而言，母子公司存在同业竞争的集团采取整体上市的模式，在集团层面重组、剥离不良资产和非经营性资产之后，实现集团经营性资产的整体上市。通过整体上市以实现协同效应和规模效应，优化资源配置，减少和规避不必要的关联交易，扩大上市公司流通市值，改善上市公司的治理结构。一般来说，进行多元化综合经营的大型、特大型企业集团实行多元业务分别上市的模式，如光明食品集团、百联集团，但采取此种模式需要花费比较长的时间来实现，不能一步到位。

在新一轮的国企改革中，采用第三种方式实现混合所有制改革的公司较多，实现整体上市的央企只有邮储银行。例如，中航科工旗下的上市平台航天电子买下航天九院旗下所有企业类资产，2015 年末，航天九院已基本实现旗下企业类资产的整体上市。国资委试点央企国药集团也通过旗下上市平台现代制药整合重组国药集团旗下所有化学制药企业，实现了国药集团化学制药资产的整体上市。

2. 引进战略投资者

引进战略投资者是 1998 年国企改革主要采用的混合所有制改革方式。在新一轮国企改革中，仍然有不少企业通过引进战略投资者进行混合所有制改革。

不过目前新一轮战略投资者引进多在子公司层面，母公司展示出引进战略投资者意向的较少。一般来说，国有企业规模较大，存量资产较多，即使有内部人入股，增量也很有限，产权结构依然比较单一。同时，这些资金比较有限，不利于扩大公司规模，所以通过引入有实力的战略投资者来弥补不足。上市公司通过引入战略投资者，不仅能获得更多的资金，还能获得战略投资者先进的管理理念、技术及市场渠道，有利于企业创新和产业升级。

比如，大唐集团下属新华瑞德公司就通过产权交易所公开挂牌的方式，完成股权转让和增资扩股，并与湾流资本、千合投资、中科招商等5家投资人签署《产权交易合同》及《增资扩股协议书》。

3. 资产重组与清理退出

这种方法与去产能可以结合。资产重组是指通过资产剥离、挂牌转让、债务重组等方式以重新组合业务、资产、债务等要素。一般来说，通过并购重组的方式来进行资产重组从而优化资源配置，并且越来越多的公司采取并购重组型的定向增发方式，此种方式能降低主并购企业的资金压力，交易成本比较低，程序简单，同时能利用市盈率幻觉提高并购后的股价，增加并购后公司的市值。目前，从中央企业到地方国企，国有企业资产整合和清退力度不断加大。在供给侧改革的大背景下，国企重组异常活跃，过剩产能的关闭运转及资源优化配置的重组在未来若干年将持续推进。

4. 员工持股

国企改革的核心内容之一是解决国企员工激励不足的问题，而员工持股的模式则是将员工与企业利益绑定，从而直接提升国企高管、核心岗位和其他员工的工作积极性，增强企业经营活力，并提高企业经营效率。其实，国企高管、中层干部、技术骨干最希望的就是有持股机会，这是能够体现其价值的重要方式。自2008年国资委139号文实施以来，中央部委分别就员工持股发布过7个规范性文件，依次是2008年国资委133号文对国有企业员工持股做出初步规范；2010年财政部联合一行三会发布财金〔2010〕97号文，对金融机构员工持股做出规范；2014年证监会发布的上市公司员工持股试点意见；2014年6月20日的《关于上市公司实施员工持股计划试点的指导意见》明确指出开展员工持股计划，即ESOP的试点，使员工通过奖金、工资或付现金等方式获得本公司的股票，并根据所持份额参与公司治理同时享有公司利润，这是企业激励机制的一种形式；2015年9月24日，顶层设计出台；2015年10月24日，《关于国有控股混合所有制企业开展员工持股试点的意见》出台；2016年国资委133号文，对国有控股企业员工持股做出了更详细的规范。

目前，央企员工持股呈现 4 个特点：一是提速；二是范围扩大，由一般竞争领域扩大到垄断领域；三是数量增加；四是比例不断提高。尤其是国机集团，员工持股平台持有 22% 股份，创央企新高。作为混合所有制改革的重要组成部分，员工持股必然会成为下一步国企改革重点突破的内容之一。

二、混合所有制改革的典型性模式

对企业来说，选择怎样的混合所有制改革方案，从哪个角度推行混合所有制改革是非常重要的。如果在改革方案和路径上出现错误，就有可能使改革走向歧途。反之，则能给企业带来新的希望、新的期待，让企业焕发新的活力。

国企混合所有制改革新的模式相继出现。这些模式具有鲜明的时代特征与行业特征。

（一）中国建材集团资本扩张模式

中国建材集团取得跨越式发展的主要经验之一是探索央企市场化经营的模式，引进社会资本，与民营企业合作，走一条包容性成长的混合所有制道路。因为水泥占建材行业 GDP 的 70%，而这个行业强手如林。2007 年，中国建材集团在上海、浙江、江苏、湖南、江西、福建成立南方水泥公司，将 150 多家水泥企业揽入麾下，成为东南经济区域最具影响力的大型水泥集团，扭转了当地全行业亏损的局面。目前，中国建材集团已在淮海、东南、北方、西南构建起四大核心战略区域，成为坐拥 4.5 亿吨产能的世界水泥大王。为了发挥央企与民企两种要素的积极性，实现央企与不同所有制企业的合作共赢与包容性成长。中国建材集团对重组企业采取"七三原则"：中国建材集团以 30% 为占股底线相对控股上市公司，上市公司则以 70% 的占股底线绝对控股各子公司（如南方水泥）。同时，多数原来企业的负责人继续担任新企业的管理者，民企的资本得以保全和升值，活力机制继续发挥作用。中国建材集团的整合公式：央企的实力 + 民企的活力 = 企业的竞争力。

（二）安徽海螺集团员工持股模式

安徽海螺集团员工持股较早，2000 年至 2002 年，海螺集团 7 000 多名员工以现金出资方式，参股建设了荻港海螺、枞阳海螺、池州海螺等沿江熟料基地，受让了安徽省投资集团持有 31.8% 的铜陵海螺股权，构建了企业与员工利益共同体，解决了制约企业扩张的资金和机制问题。在大的改革环节上，第一步是成立集团，推行员工持股和定向增发，解决了职工身份和共同发展两大问题，在很大程度上提高了企业的生产力。第二步是集团改制成立海创公司，组建起混合经济体，实现了产权多元化，更大程度地实现了国有资本保值增值。

第三步是推进整体上市，使固态的国有资本变成能流动的活资本，进一步激活企业活力，为企业更深层改革奠定好基础。

（三）中国石化坐镇招股模式

2014 年 2 月 19 日，中国石化率先推出油品销售业务，引入社会和民营资本实现混合经营。境内外共有 25 家投资者入围，以现金 1 070.94 亿元认购增资后销售公司 29.99% 的股权。其中，与大润发、复星、航美、新奥能源、腾讯、海尔、汇源等 9 家企业成为产业合作伙伴。此次增资扩股被称作 2014 年全球最大的并购项目。中国石化加油站与合作伙伴共同打造生活驿站的概念，实现从油品供应商向综合服务商的转变。中国石化牵手腾讯并不是一种简单的资本对接和分红，而是一种全新的营销模式。腾讯本身参股中国石化也并不为追求短期回报。所以，当前资本对接带来的不仅是投资回报，还是一种线上线下的互联网思维转变。

（四）云南白药放弃控制权模式

新华都对白药控股单方面进行增资，增资额约为 254 亿元，而在本次交易完成后，云南省国资委和新华都分别持有白药控股 50% 的股权。一下子让出 50% 的国有股，就意味着突破了 1/3 "否决权"的底线，就失去了传统意义上的"控制力"。此次"混合所有制改革"将有助于云南白药建立市场化治理体系，成为真正的市场主体，并在今后的发展中释放巨大的活力和能量。其中，云南白药控股原董事长、总裁等企业高管将不再保留省属国有企业领导人员身份和职级待遇；新任董事长、党委书记等人选由省国资委提名担任。这种身份转换标志着云南白药控股混合所有制改革已完成所有重大改制步骤，取得了实质性的成功。

（五）东航物流转换国有企业人员身份的模式

东航集团旗下东方航空物流有限公司引进外部投资者和员工持股的"混合所有制改革"，由全资到出让绝对控股权，持股比例降低至 45%。非国有战略投资人和财务投资人合计持有 45% 股权；另外 10% 股份将由核心员工持有。从引入民营战略投资者来看，旨在保持控股的前提下实现优势链条整合。引入第三方物流、物流地产和快递快运投资者，能够与东航物流的强项航空货运实现优势互补和强强联合，共同打造强大的"门到门"的综合物流能力。他们实现了员工持股的突破，中高级管理人员不受 1% 的限制。所有参加混合所有制改革的人员都须转换国有企业人员身份，与东航解除劳动合同，再与东航物流签订完全市场化的新合同。

（六）欧冶云商的"链条突破"模式

这是拉长产业链、做活产业链、做强产业链的模式。宝武集团旗下钢铁电商平台欧冶云商公司开放 28% 股权，募集资金超 10 亿元，引入包括本钢集团、首钢基金、普洛斯、建信信托、沙钢集团和三井物产在内的 6 家战略投资者。宝武集团的这次混合所有制改革不是针对某个具体企业，而是一个云商平台，是一个相对比较完整的产业链企业，既可以有效拉长企业的产业链，使企业的市场触角更多，也能成为一个独立的上市平台，与宝武集团形成有机的统一，弥补宝武集团在云商这一块的不足。宝武集团对欧冶的此次混合所有制改革，也增加了一条新的混合所有制改革路径，那就是不要在混合所有制改革问题上过于僵化，不要非此即彼，要跳出集团层面，选择一家产业链下的二级企业，尤其是二级制造企业的模式，选择对企业产业链延伸有足够帮助的企业，如销售公司、物流公司、云商平台等。如果这些方面都推行了混合所有制，产业链下的企业就可以进一步整合，独立进行混合所有制改革，最终推动集团层面的改革。

（七）中国联通集团公司层面"混合所有制改革"模式

中国联通的此次混合所有制改革是在集团公司层面进行的混合所有制改革，这是一个重要的突破。一是他们在转让的股份当中，既有转让给其他所有制资本的，也有转让给其他国有企业的。给其他所有制资本的"权"不会放得太多，将其他国有企业也作为战略投资者拉进来，以确保国有企业继续保持绝对控股、占绝对支配地位；二是阿里、腾讯等的进入可能会对下一步其他所有制资本进入垄断领域、布局垄断领域打下良好的基础。阿里、腾讯等能够在明知没有话语权的情况下，仍然愿意参与到中国联通的混合所有制改革中来，更多的是着眼于未来，而非眼前。

（八）中国葛洲坝集团控股民企新兴产业模式

中国葛洲坝集团在 2013 年建筑业萎缩的情况下，做出大胆向新兴产业推进混合所有制改革的决策，高举高起，大起大落，一举压缩 126 个产能过剩企业，通过收购、兼并、投资等方式向 43 个民企参股。之后，很快进军节能环保、污染治理、高端装备制造、水务、新能源等领域，葛洲坝绿园公司对大连环嘉、湖北兴业、宁波展慈等知名环保企业控股 50% 以上，年固体废料回收处理能力达到 730 万吨，环保产业以年均 30% 以上的速度增长，综合实力快速进入全国前三位。2013 年至 2016 年，葛洲坝集团年度营业收入从 541 亿元增长到 1 014 亿元，年度利润总额从 23.52 亿元增长到 56 亿元；资产负债率下降

11%，国有资产保值增值率达到 209%。葛洲坝集团通过混合所有制改革实现快速转型，为我国国企混合所有制改革提供了一个非常有说服力的样板。

（九）中冶集团葫芦岛有色重组退出模式

中冶集团在 2013 年对葫芦岛有色金属集团有限公司进行大胆破产重组，引进社会资本。中冶集团从资源开发向有色冶炼深加工扩张，持有葫芦岛有色 51.1% 的股权。如果中冶集团为葫芦岛有色扭亏脱困先后投入 98 亿元资金后，再继续为其"输血"，中冶自己就会被拖垮。2012 年末，葫芦岛有色资产负债率高达 241.68%，严重资不抵债，中冶提出为"僵尸企业"找到合适的"墓穴"。第一步依法完成破产重组程序，实现三个重组方的进入；第二步推进企业改制，实现了中冶集团控股 55%、宏跃集团持股 35%、辽宁省和葫芦岛市各持股 5% 的第一步股比目标。在不足一个月的时间里，中冶集团和宏跃集团投入增资款和股东借款共计 12.56 亿元，为锌业股份落实重整资金提供了保障。最后实现民营企业宏跃集团控股 39%，葫芦岛市持股 29%，中冶集团持股 27%，辽宁省持股 5%。民营企业成了大股东，激发了企业内生动力和经营活力。2014 年下半年，先后完成了 2 家低效、无效子企业股权转让和 4 家"僵尸企业"出清。随后，中冶集团着手实施葫芦岛有色股权深度调整，严控风险、分步实施，安置转岗职工 2.4 万人，移交"三供一业"等 7 项社会职能，夯实资产并清理债务近 150 亿元。在有色冶炼行业持续低迷、整体亏损的环境下，葫芦岛有色由重整前每年亏损 10 多亿元转变为重整后连续三年获利。

（十）军工资产证券化模式

国防军工是重中之重。前两批 19 家试点企业，从行业领域看，涉及配售电、电力装备、高速铁路、铁路装备、航空物流、民航信息服务、基础电信、国防军工、重要商品、金融等重点领域，特别是国防军工领域较多，有 7 家企业。预期军工混合所有制改革主要改革方向为资产证券化。在前两批 19 家试点企业中军工占 7 家。中国航天科技集团混合所有制改革主要通过上市实现，军工集团事业单位改革方案已经基本确认，亟待配套政策落地。中国航信全资子公司中航信移动科技有限公司计划在混合所有制改革中，引入 3～4 家外部投资者，并计划释放 10%～15% 股权给予员工持股。

（十一）江中法人治理模式

江中制药的混合所有制改革包括三个阶段：第一阶段是员工持股；第二阶段是职业经理人，董事会选聘经理层成为省属国有企业首创案例；第三阶段是全面开展完善公司法人治理结构试点工作。江西省不断完善国资监管体制机制，取消和下放一批审批、核准、备案事项，采取有力措施加强和改进党对国企的领导，坚持和完善双向进入、交叉任职的领导体制，以确保党组织政治核心作用的有效发挥。党建工作总体要求纳入公司章程，而且制定了《江中集团党委参与法人治理结构工作细则》和《江中集团公司贯彻落实"三重一大"事项集体决策制度实施办法》，落实了党组织在公司法人治理结构工作中发挥政治核心作用的工作路径。充分发挥党委政治核心作用，以确保党的领导、党的建设在国有企业改革中得到充分体现和切实加强。

（十二）PPP 模式

2015 年国务院发布《关于国有企业发展混合所有制经济的意见》，鼓励各类资本参与国有企业混合所有制改革，并且提出推广政府和社会资本合作（PPP）模式。PPP 模式加快了国企混合所有制改革进程。PPP 模式带来的不仅是社会资本，还包括出资方的知识技能、管理经验、创新能力、市场约束等"附加值"。在社会资本的催化之下，PPP 项目往往更具效率。

（十三）中金珠宝公正公开模式

这是一种讲程序、讲公开的操作模式。中国黄金集团黄金珠宝有限公司拟募集资金总额不低于 22 亿元，拟募集资金对应持股比例不超过 41%。在本次增资混合所有制改革当中，中金珠宝拟征集 3 ～ 7 个投资方，并将通过本次混合所有制改革实施员工持股；员工持股占增资扩股后的股比约 5%。除了战略投资着眼于互联网嵌入，向线上发展，走向中高端外，这家企业在混合所有制改革过程中做到了公开、公平、公正。在方案制定过程中，进行了细致完备的民主意见征求，举行全体职工大会，进行了专题解读并向大家书面征集了意见，进行员工持股激励程度的量化测算，构建了工资收入和资本利得"双驱动"的激励机制。

第四章 国企混合所有制改革中的股权研究

第一节 混合所有制企业股权结构概述

一、股权结构的界定与优化分析

(一)股权结构概念的界定

Bates、Kahle 和 Stulz（2009）指出，股权结构是指股份制企业全部股本的组成，也就是指全部股本包含的各种属性的股份以及这些股份在全部股本中的占比情况等。股权结构是公司治理结构的基础，公司治理结构则是股权结构的具体运行形式。不同的股权结构决定了不同的企业组织结构，从而决定了不同的企业治理结构，最终决定了企业的行为和绩效。

1. 股权属性

我国上市企业的股权构成是在我国特有的政治经济背景下形成的，存在着与其他国家股权构成不同的特征。第一，国有股份在股权构成中占据着主导地位。鉴于我国以公有制经济为主体的经济模式，所以在国家重要行业或领域中，国家的股份持有占据着关键地位，此为我国上市企业股权构成与其他国家的根本差异。第二，第一大股东在股权持有中占有压倒性的优势，也就是说我国股权的集群化程度较高。在我国特有的金融经济体制之下，尽管股权构成部分比较不集中，但是相当的股权皆由较大的股东持有。

结合我国的基本情况，尤其是国有企业改革不断深化的背景，本书对企业的股权性质只进行国有股权与非国有股权的区分。

2. 股权集中度

黄越、杨乃定和张宸璐（2011）指出，股权集中度是指我国股份制企业股权集群化的程度，多数情况下借由第一大股东的股份持有比例展开测量。我国的股权结构的主要特点为股权集中，上市企业第一大股东持有股份占有比较多的数额，通常情况下为国家持有。

（二）混合所有制企业股权结构优化分析

股权结构是影响公司治理结构的关键，也是实施公司治理的基础依据，对公司的经营和发展具有重要影响。股权结构主要是指公司股权类型及比例配置的结构，它是对公司实际控制权的体现。与常规企业相比，混合所有制企业的股权结构更具复杂性，而为了更好地经营和管理混合所有制企业，应对公司的股权结构进行优化，促进混合所有制企业的股权集中，以便为混合所有制企业的科学管理奠定坚实基础。

1. 健全法律保护制度

国有企业积极引入民营资本使其向混合所有制企业转变，导致国有企业的股权结构发生改变，法人股权不断增加，而这也对企业管理提出了更高的要求。民营资本的大力引入促使企业资金实现多渠道流通，公司小股东数量持续增加，但不具备参与企业管理、发表言论的资格，从而导致企业内部多数小股东的合法权益无法得到保障，这也体现出混合所有制企业股权结构存在的问题。鉴于此，为实现对混合所有制企业股权结构的优化，提高企业管理水平，应建立健全法律保护制度，增强企业管理的规范性，为企业管理营造适宜的法律氛围，以便保障公司小股东的合法权益，促使企业所有股东能够得到公平的待遇，保证企业获利与管理的透明化、公开化，以便小股东能够在企业管理过程中发挥重要的积极作用，促进企业的健康持续发展。

2. 平衡内部权力

多种股东形式的组合是混合所有制企业股权结构的重要特点，也是企业内部权力分配的主要依据。基于混合所有制企业股权结构的优化需求，为实现企业内部权力的平衡，保障企业所有股东的合法权益，应对混合所有制企业选用科学、适宜的股东组合形式，以国有股权结合多个法人股权的股东组合形式为最佳，有助于平衡内部权力。国有股权结合多个法人股权股东组合形式，即最大股东所持有的股权高于单个小股东，但不会高于除最大股东之外，其他股东所持有的股权之和。通过采用这种模式对混合所有制企业的股权结构进行优化，可达到股东间相互制衡的目的，有助于平衡企业内部权力，防止出现单个股东一家独大的局面，确保混合所有制企业的股权能够得到科学分布，以便为企业管理奠定坚实基础。

3. 适当减少国有股份

随着社会经济的快速发展，市场竞争日益激烈，而这也对企业竞争力提出了更高的要求。由政府控股的企业因与其他企业相比在市场竞争方面更具优势，致使企业内部竞争相对较弱，企业缺乏活力，从而导致企业的经营业绩和效益不匹配其所具备的竞争力，不利于企业的发展。鉴于此，为更好地推动政府控股企业的发展，应适当减少国有股份，加大引入民营资本，增加法人股份，提高企业内部私有投资的比重，促使企业资金的多渠道流通，优化公司产业链，刺激市场消费，以便为混合所有制企业的发展奠定坚实基础，确保企业能够获得更大的经济利益。

4. 在推进国有民营资本合作的基础上尊重双方意愿

首先，因为混合所有制企业和民营企业文化差异较大。混合所有制企业与民营企业在各自的创建目的、历史背景、人员组成、经营环境、发展过程、管理体制、公司文化上都存在较大差异，相互包容是彼此合作的前提。现存混合所有制企业一般历史较长，经营管理相对规范，生产成本普遍较高，社会责任比较沉重，创新动力比较缺乏，创新机制不够灵活，创新能力有些不足；民营企业都是改革开放以来的产物，在激烈的市场竞争中，经营管理非常灵活，用工制度贴近市场，创新动力较强。混合所有制企业和民企要相互理解，求同存异。

其次，在依法合规经营方面认识不一致。混合所有制是一场公平公开、互惠互利的合作，有些民营企业带有创业之初的"野性"，常常为了利益"铤而走险"。在这方面，近年来有些混合所有制企业在项目经营、土地开发、市场销售、工程承包、公司融资等方面也吃过不少苦头，产生过不少法律纠纷。因此，在混合过程中要认真细致地做好制度性安排，健全法人治理结构，依法合规搞好企业生产经营。

最后，本着自愿原则推进混合所有制企业与民企合作。混合所有制企业和民企的共同目标是做优、做强、做大，有些经营状况较好的混合所有制企业不愿意接纳民营企业，即使政府有强制性要求，混合所有制企业也会要价较高，民营企业无法接受，难以进入；有些经营状况较差的混合所有制企业急需民营企业投资，但是受债务债权纠纷等历史问题困扰，即使价格再低，民营企业也不愿意进入。对于混合所有制企业和民营企业的合作，政府不要定时间、下指标，只能牵线搭桥，相互撮合，鼓励双方双向选择，充分发挥市场机制，由市场起决定性作用，致力于双方长期合作发展，充分发挥双方优势，推动双方共进共赢。

5.既要做好顶层设计，又要尊重企业家首创精神

在大型复杂工程项目中设计要经过三个阶段，即规划设计、初步设计和施工图设计阶段。对于混合所有制企业推进混合所有制改革这个庞大复杂的社会系统工程，也可以借鉴建设大型复杂工程的三阶段设计管理办法。

中共中央十八届三中全会批复了混合所有制企业推进混合所有制改革的总体方案，在中共中央和国务院出台《关于深化国有企业改革的指导意见》的基础上，2016年先后出台了7个专项配套文件，国资委会同有关部门又出台了36个配套文件，共同形成了混合所有制企业改革总体规划图，混合所有制企业改革"1+N"体系完成。国家对混改总体要求和目标已经明确，也就是说，混合所有制企业推进混合所有制改革的规划设计已经完成，如何进一步推进全国各省各行业的混改工作，包括98家中央企业的混改，具体情况千差万别，所以中央要求因地施策、因业施策、因企施策，对于初步设计和施工设计，以及项目运营工作，均应该由各级国资委和各个企业探索、总结、调整、实施，并明确各级分工。

中国共产党中央全面深化改革委员会和国务院负责规划设计，提出了混改总体要求，包括指导思想、基本原则、主要目标，分类推进混合所有制企业改革、完善现代企业制度和国有资产管理体制，建立起混合所有制企业改革系统，拟定的改革方案深度相当于工程建设中的规划设计阶段。

国资委和各省级政府是混合所有制企业改革的监管主体单位，在规划设计指导下，分别拟定中央企业和省属混合所有制企业资本经济布局、混改股权比例设计（包括管理层和职工持股）、法人治理结构（包括党建工作）、主业方向、国有资产保值增值和主要考核指标体系，拟定的改革方案深度相当于工程建设中的初步设计阶段（中央企业改革方案由国资委审核后报国务院审批实施，各省属混合所有制企业改革方案由各省级政府编制，报国资委审批后实施）。

各个中央企业和各省属混合所有制企业是改革责任主体和实施主体单位，在中国共产党中央全面深化改革委员会规划设计，国资委和各省级政府的初步设计指导下，拟定本企业的具体改革方案，包括企业战略、公司章程、合作对象、股权设计、法人治理、党建工作、经营管理、薪酬绩效、员工管理和社会责任等，具体改革方案深度相当于施工图设计阶段（中央企业改革方案报国资委审批后实施，省属混合所有制企业改革方案报省级政府审批后实施）。

在改革方案的编制和审批过程中，各级政府应该尊重混合所有制企业的首创精神，大力倡导调查研究作风。古往今来的改革反复证明，成功的改革既需要顶层坚定不移的意志和持之以恒的恒心，也需要掌握时机适时推出合理方案，

而合理方案往往来源于实事求是，来源于尊重客观规律，来源于企业家的首创精神和企业的反复实践活动，混改方案的研究、修订、完善和实施是一个不断循环持续提高的过程。

二、混合所有制企业的股权激励模式研究

（一）混合所有制企业股权激励的特点

1.激励机制单一

股权激励对非混合所有制企业来说，是促进激励对象"生产力"和"生产效率"的有效方法，企业为留住核心人员，开拓激励模式，赋予其股东权益，使其成为企业利益共同体。但在混合所有制企业中，因为国有资本的存在，企业偏于固守原来的激励机制，依靠固有的年薪制进行激励。在此种激励机制下，员工或高层管理人员容易逐渐走向"混日子"状态，国有资本的保值增值也难以实现。

2.管理标准不明确

随着我国社会主义市场经济环境的发展，需要借鉴市场经济先进机制，促使我国企业发展更具活力。但是，无论是学界还是企业各自实践中，对于混合所有制企业的股权激励模式的设置、运行，均缺乏可研究、可借鉴的科学标准。

（二）混合所有制企业股权激励的必要性

复合型经营人才、核心骨干成员对混合所有制企业的长足发展十分必要。混合所有制企业正在不断壮大的过程中，对人才的激励制度需求有所提高。目前从两人创业公司到上市大企业，都在做适合其公司发展的股权激励方案，不仅是为了留住核心人才，更是为了公司的长远利益考虑。

（三）混合所有制企业股权激励环境分析

1.外部因素分析

（1）机会分析

国家鼓励、支持混合所有制企业发展壮大。此类企业的建立有利于国有资产的增值，有利于企业形式的创新，有利于双方利益的扩大，有利于促进国有资本、民营资本共同壮大，重新释放经济活力。

①法律法规环境自由

现行《中华人民共和国证券法》（以下简称《证券法》）等法律只针对上市公司的各项指标，非上市公司不受此约束，新组建的混合所有制企业一般为非上市的中小企业，法律环境的自由度较高，方案实施的灵活度也会随之提高。

②激励机制环境成熟

该机制已有60多年的历史，现已被广泛使用，日益成熟。该机制不仅在国外发达国家通行，在我国也被大量上市和非上市公司采用。激励模式种类日益丰富，不同类型的公司选择权更大。国内企业和外国企业成功应用股权激励的例子不断增加，该机制的效果也日益明显。

（2）风险分析

①法律环境规范欠缺

虽然实施股权激励机制自由度高，但也说明了规范少，易产生无约束的风险，没有国家统一规定的标准，加大了管理成本，容易使企业无从下手，或者使用了不正当机制，从而导致市场混乱。

②相关管理规范不明确

例如，不同资本的集中，如何要求不同产权的所有者、委托代理人，缩小内耗，缓和该类企业紧张的人际关系，避免资本撤出或者企业解体等问题还有待解决。

2.内部因素分析

（1）优势分析

①企业机制灵活

混合所有制企业由国有资本、非国有资本共同出资，构建成新型企业，既能借鉴国有企业规范模式，又能吸收民营企业灵活积极的规章制度与经营范式。

②企业文化导向好

面对挑战的企业必定实施人才驱动战略，人才成长决定企业厚度、企业格局、企业战略、企业未来。混合所有制企业作为改革中的前进力量，积极构建学习型企业文化，实现企业全员的知识、能力、视野各方面升级，使企业在激烈市场竞争中取胜。

③避免短期行为

在公司没有实行股权激励方案的时候，对员工或者领导层的激励或者福利都是对他们过去或未来短时期内的"奖励"，一旦同行业其他公司看中其高管或骨干员工，公司将面临被挖走核心力量的风险。股权激励的考验期为1～2年，时间较长，避免了公司员工的短期行为。

（2）劣势分析

①员工粉饰业绩

由于股权激励方案的落地，优秀员工表现突出，成为激励对象，但不乏个别骨干员工为了成为激励对象，做出一份虚假业绩报告。

②"激励"变成"福利"

股权激励不同于福利，股权激励一旦变成福利，便失去了原有的意义。公司之所以实施股权激励，是为了公司未来的发展，若被企业家理解错误，变成短期的福利，则不会达到股权激励的效果。

③企业家态度欠缺

非上市的混合所有制企业中的大部分企业家对股权激励了解不多，认为股权激励与自家公司关系甚少，或者认为该机制风险较大，现有的激励制度足以支撑公司前进，因此对股权激励机制保持观望的态度，没有股权激励的实施计划。

第二节　国有股权占比对企业绩效的影响研究

一、股权集中度影响国企经营绩效的机理

（一）公司制企业股权集中度影响经营绩效的一般性分析

股权结构决定着公司治理结构，公司治理结构又决定着公司经营绩效。与股权结构相关的公司治理机制有4个：监督机制、经营激励机制、代理权竞争机制和外部并购机制。其中，前两个被称为内部治理机制，后两个被称为外部治理机制。

下面具体介绍股权集中度如何作用于监督机制、经营激励机制、代理权竞争机制和外部并购机制4个方面，进而影响公司经营绩效。

1.股权集中度与监督机制、公司经营绩效

所有权和经营权的分离使股东对经理人员的监督尤为重要。所有者与经营管理者的目标存在冲突：所有者的目标是利润最大化，而经营管理者的目标是自身效用最大化，如高收入、闲暇时间、优越的办公环境等。委托人是所有者，代理人是经营管理者，为防范和避免代理人做出自身利益最大化而不利于公司的决策，委托人对代理人必定要进行监督。委托人对代理人的监督能改善公司经营绩效。

当公司股权高度集中，即控股大股东或前几大股东的持股比例之和处于绝对控股地位时，一方面，控股股东有动力和热情监督公司的代理人，因为控股股东与公司的利益相一致，控股股东担心代理人的经营目标和经营方式会影响公司的长远良好发展，此时控股股东和中小股东利益协调一致，控股股东愿意

承担一定的监督成本来监督代理人，并且控股股东有权也有能力任免或监督公司的代理人；另一方面，在公司拥有控股股东而其他股东均为小股东的情况下，公司的经营管理者不是其代理人，小股东无力抗衡控股股东，并且由于监督经营管理者要付出一定成本费用，分散的小股东不愿为监督经营管理者而自担成本，因此选择"搭便车"。具体理由如下：首先，中小股东希望其他股东承担监督的成本费用，自己享受其他股东对公司经营管理者的监督成果；其次，中小股东对公司的监督成本通常高于其收益，因此理性的中小股东对公司经营管理者的监督很漠然；再次，小股东持股比例小导致其话语权少，在公司的重大决策上没有发言权，因此也就没有热情和动力参与公司的事务管理；最后，经营管理者经常忽视和限制小股东的权利，所以小股东发挥的监督作用不是很大。

当公司股权相对集中，即存在多个大股东时，一方面，相对控股股东和其他大股东因其持有一定的股权份额使他们进行监督获得的收益通常会大于监督成本，因此具有监督的动力和热情；另一方面，很多国家的法律支持大股东对经营管理者的诉讼请求。因此，股权集中度高在股东监督方面的好处较为明显。

当公司股权集中度较低，即股权分散时，分散的股东付出的监督成本大于其所获取的收益，致使他们不愿行使监督权。

2. 股权集中度与经营激励机制、公司经营绩效

经营激励机制是指对股东或经理参加公司治理的激励机制。经营激励机制发挥得好，股东或经理参与公司治理的积极性高，公司经营绩效就会提升。

股权高度集中时，一方面，控股股东会选派自己信任的人或自己担任公司高级管理层，监督并起诉侵犯股东权益的经营管理者，控股股东参与公司治理的积极性最高；另一方面，可以减少代理成本，尤其是在有绝对控股股东的情况下尤为如此。通常，公司董事长或高级管理层由控股股东派出，因而代理人的利益与股东的利益一致，因此，公司的经营管理者就会尽最大努力将资金投入有潜力的项目中，从而有利于公司的长期发展。

股权相对集中，即股权集中度适中时，一方面，几个相对控股股东因拥有一定的公司股权份额而受激励致使其关心公司经营管理；但另一方面，因为他们所占的股权份额并不是很大，即便公司遭受损失，也只是承担一部分，因此对公司经营疏于管理和监督。

股权集中度较低，即股权分散时，一方面，因为小股东在参与股东大会和代理权竞争方面的表决权和决定权有限，而且其参与公司治理的成本很高、收益很低，所以小股东参与公司治理的积极性不高；另一方面，由于经营管理人员所持公司股权份额很小，所以只关心与自身利益相关的工资收入而全然不顾

公司的经营业绩，与股东的利益不一致。

3.股权集中度与代理权竞争机制、公司经营绩效

代理权竞争机制是指股东之间相互竞争提名代理人、更换不合格代理人的机制。代理权竞争大，有利于选出最有能力的代理人，从而提升公司经营绩效。

当股权高度集中时，最大股东拥有控股权，大股东由于其所持的股份比例最高从而能决定公司的代理人人选，所以公司代理人很难被更换替代。

在股权相对集中的情况下，若干个大股东的并存使代理人在经营管理不佳时能迅速被替换。原因有以下几个：首先，几个相对控股股东有动力和能力监督代理人经营管理工作；其次，相对控股股东有争取到其他大股东支持的可能，进而自己提出代理人人选；最后，几个相对控股股东相互制衡，使任何一个相对控股股东都不能强行捍卫自己所提名的代理人人选。

在股权集中度较低，即股权分散的情况下，代理人不太可能被更换。这是因为，小股东掌握的信息不全面、不准确，想法易受代理人的影响，而且推翻现任代理人的成本大于其所获取的收益，所以小股东进行代理权竞争的积极性很低。

4.股权集中度与外部并购机制、公司经营绩效

公司外部并购机制是一种非常重要的公司治理机制，目标公司通常由于经营绩效较差而被并购，并购成功以后原公司经理很可能被更换，以利于提升公司经营绩效。

股权高度集中的公司，如果收购方仅仅收购一小部分的中小股东的股权份额，就不会影响控股股东的绝对控股地位。由于控股股东持有较大的股权份额，收购方要想收购成功必须花费很高费用、很大精力，因此公司被收购的可能性很小。

在股权相对集中的情况下，并购可以分为两种情况。若并购者是公司相对控股股东，由于其对公司信息的了解比较充分，并且并购者自身已持有较大的股权比例和较容易收购公司其他股东的股权，因此公司被收购成功的可能性很大；若并购者来自外部，相对控股股东则会千方百计避免公司被收购以维护自身的利益。

股权集中度较低，即股权分散的公司被并购的可能性很大，因为即使收购方来自外部，也能通过在二级流通市场上收购分散的股东股份，达到收购成功的目的。

股权集中度对公司治理机制，即监督机制、经营激励机制、代理权竞争机制、外部并购机制4个方面的影响总结如表4-1所示。

表4-1　股权集中度对公司治理机制的影响

机　制	股权高度集中	股权相对集中	股权分散
监督机制	一般	好	差
经营激励机制	好	一般	差
代理权竞争机制	差	好	差
外部并购机制	差	一般	好

从表4-1中可以看出，在监督机制方面，股权相对集中时股东最有动力和能力实施监督；在经营激励机制方面，股权高度集中最能激励股东和管理层参与公司治理；在代理权竞争机制方面，股权相对集中最有利于各相对控股股东之间进行代理权争夺；在外部并购机制方面，股权集中度低即股权分散时最能发挥外部并购对管理层的激励或替换作用。

总体来说，股权相对集中的结构最能促进公司治理机制的有效运行，进而提高公司的经营绩效。

（二）国有企业股权集中度影响经营绩效的特殊性分析

我国国有企业股权结构的特点是一股独大，国有股东作为第一大股东的特点使股权集中度对公司治理机制的作用失效，这种失效不利于公司治理机制的有效运行，进而不利于国有企业经营绩效的提高。

国有企业外部治理机制包括代理权竞争机制和外部并购机制，一般来说，当公司经营绩效差时，经营管理者就会通过代理权竞争或者并购机制被更换。两种机制都会督促和约束经理人以公司利益作为决策的出发点，从而有利于提高公司的经营绩效。但在我国国有企业中，经理层被国家直接行政委派，一般不会被替换。因为国有企业的流通股占总股的比例较小，所以即便有人全部买进，也不会成为国有企业的实际控制人，而且不允许国有股和法人股流通，国家规定其只能在二级市场之外协议转让，并严格限制转让的对象和条件。因此，在股票流通性差且强制的行政干预下，外部市场并购不可能成功。

国有企业中股权相对集中，即国有股权占较高比例能发挥国企受政策和法律上的保护、竞争压力小、有规模经济优势和竞争优势的好处，有利于国有企业经营绩效的提高。但股权高度集中时，其他股东的诉求会被绝对控股的国有股东遏制，不利于企业科学投资决策的制定，从而更不利于国有企业经营绩效的提高。总体来说，国有企业股权相对集中时更利于其提高经营绩效。

二、股权制衡度影响国企经营绩效的机理

（一）公司制企业股权制衡度影响经营绩效的一般性分析

股权制衡度对公司经营绩效的影响有正效应和负效应之分。开始，控股股东对公司的掏空程度会随股权制衡度的逐渐提高而下降，公司经营绩效随之提高；当股权制衡度超过一定临界值时，大股东不再实施掏空行为，股权制衡对经营绩效的正效应消失，股东决策效率降低，公司经营绩效也会随之降低。

1. 股权制衡度对公司经营绩效的正效应

控股股东对公司的掏空行为表现在不同的形式上。首先，公司资金被控股股东及其关联方占用。控股股东迟迟不归还公司欠款，或用质量极差的资产抵偿所欠公司债务。其次，控股股东利用公司担保套取银行资产，直接损害中小股东的利益。最后，利用关联交易转移公司的资产和利润，关联交易主要包括股权的投资与转让、资产与债务重组、商品服务的购买与销售等。当公司存在若干个大股东时，一方面，控制权由几个大股东共同享有，大股东之间相互牵制、相互监督约束，限制控股股东的掏空行为，有效抑制控股股东对公司利益的侵害；另一方面，他们可能更加倾向于采取合作共谋而不是互相监督的方式。那么，在合作共谋的情况下，大股东的掏空行为能否被股权制衡所抑制，进而提高公司经营绩效呢？

下面以股权制衡度——控股股东掏空程度——公司经营绩效为逻辑脉络构建模型来验证股权制衡度对公司经营绩效的影响。用 P 来表示公司利润，控股股东持股比例为 α_1，其他大股东的持股比例为 α_2，股权制衡度用 $\gamma=\alpha_1/\alpha_2$ 来表示，控股股东对公司的掏空程度为 S，S 为 P 的一定比例，实施掏空行为的成本占利润 P 的比例为 $C(S,\gamma)$，其他大股东面临控股股东的掏空行为遭受的损失为 $\alpha_2 SP$，这是其他大股东对控股股东监督而避免的损失，控股股东为确保自身掏空行为的顺利进行，会给予其他大股东补偿，设补偿收益为 T，只有 $T \geqslant \alpha_2 SP$ 时，其他大股东才会选择和控股股东共谋而非监督。

控股股东的收益函数为

$$U=\alpha_1(1-S)P+SP-C(S,\gamma)P-T \qquad (4-1)$$

$$T \geqslant \alpha_2 SPa \qquad (4-2)$$

为简化模型，令 $T=\alpha_2 SP$，则等式变为 $U=\alpha_1(1-S)P+SP-C(S,\gamma)P-\alpha_2 SP$。控股股东为使自身收益最大化，选择的最优化掏空比例满足下列等式：

$$U_S=-\alpha_1 P+P-C_S(S,\gamma)P-\alpha_1-\alpha_2\gamma P=0 \qquad (4-3)$$

解得

$$C_{\mathrm{S}}\ (S,\ \gamma)=1-\alpha_1-\alpha_2\gamma \qquad (4-4)$$

解得的上式对 γ 求导：

$$C_{\mathrm{SS}}\times\mathrm{d}S/\mathrm{d}\gamma+C_{\mathrm{S}\gamma}=-\alpha_2 \qquad (4-5)$$

$$\mathrm{d}S/\mathrm{d}\gamma=(-\alpha_2-C_{\mathrm{S}\gamma})/C_{\mathrm{SS}}\leqslant 0 \qquad (4-6)$$

这说明股权制衡度 γ 提高，控股股东的掏空比例 S 下降，若公司经营绩效用 $(1-S)P$ 表示的话，则公司经营绩效提高，即股权制衡度和公司经营绩效成正比关系。但当股权制衡度高到一定程度时，$C_{\mathrm{S}\gamma}$ 趋于无穷大即由于股权制衡致使控股股东的实施掏空行为的谈判等成本趋于无穷大时，控股股东的最优掏空比例为 0。

2. 超过一定临界值的股权制衡度对公司经营绩效的负效应

任何事情都有一个适当的度，一旦超过这个度，就很可能会出现相反的结果。一方面，如果股权制衡度到达一定临界值时，控股股东的掏空比例为 0，则股权制衡度通过降低控股股东掏空比例进而增加公司经营绩效的作用消失，并且几个大股东可能会为了争夺绝对控制权发生内斗，因为意见不合而给公司经营绩效带来消极影响；另一方面，当股权制衡度超过一定临界值时，伴随的是相对控股股东的持股比例的下降和其对公司监督作用的减少，从而影响公司经营绩效。

（二）国有企业股权制衡度影响经营绩效的特殊性分析

在国有企业中，提高股权制衡度可提升国企经营绩效，但这种作用会很缓慢。一方面，由于国有企业的国有性质，股东要确保国有资本的保值增值，国有股东和非国有股东的表决权往往不平等，因而其他股东对绝对控股或相对控股的国有股东的牵制作用较小；另一方面，股东虽然能依法行使诉讼权，但若起诉的对象是国有股东，那么困难便会增加。若国有资产涉及诉讼，普通的股东诉讼就会转化为非国有股东和代表政府的国有资本出资机构之间的诉讼，转化成民事主体与行政主体之间的纠纷，从而降低股权制衡作用的有效性，影响国有企业的经营绩效。当股权制衡度提高至临界值时，各大股东会因为意见不合而发生内斗，从而给公司经营绩效带来消极影响。

三、国有股权性质影响国企经营绩效的机理

（一）公司制企业国有股权性质影响经营绩效的一般性分析

国有股权性质对公司经营绩效的影响既有正面的又有负面的，学术界也一直有争论，有"扶持之手"与"掠夺之手"之争。国有股权对公司起"扶持之

手"作用主要表现在资本成本和政策优惠上；国有股权对公司起"掠夺之手"作用主要表现在国有股权的委托代理问题和国有股权目标多元化问题等。

（二）国有企业国有股权性质影响经营绩效的特殊性分析

国有企业中，最大持股比例股权的出资人缺位、国有股权的出资人和管理人相分离、外部独立董事流于形式等法人治理结构的弊端大大影响了国企经营绩效的提升。在如今市场制度相对完善的情况下，国有股权的出资人缺位会影响国企经营绩效，国有股权出资人与管理人相分离会致使国有资产流失严重。

第三节　混合所有制企业员工持股制度研究

探索混合所有制企业员工持股有利于进一步优化国有企业股权结构，改善公司治理水平，提高企业运行效率。作为中央企业薪酬制度改革的有益补充，员工持股也能够更好地推进国有企业高管薪酬的市场化，但是若操作不当，也容易存在利益输送，造成国有资产流失。因此，混合所有制企业探索实行员工持股一定要慎重，应该有选择、有限制、有步骤地实施，并严格、规范地操作。

一、混合所有制企业员工持股制度概述

（一）员工持股的概念与种类

员工持股计划（Employee Stock Ownership Plan，ESOP）是指企业为了吸引、留住和激励员工，通过让员工持有企业的一定股份而使员工享有剩余索取权的利益分享机制和拥有经营决策权的参与机制，它是一种特殊的激励计划。ESOP 起源于美国，后逐渐在欧洲各国、日本和新加坡推行，经过 20 世纪七八十年代的迅速发展成为国外众多企业青睐的一种有效吸引和留住人才的长期激励手段和方式。

纵观各国员工持股的种类，形式多样、内容繁杂，且各具特色。依据不同标准，员工持股有以下几种分类：

第一，根据企业推行员工持股的目的，员工持股可分为福利型、风险型和集资型。这三种类型的员工持股都有激励员工的作用。不同之处在于：福利型员工持股侧重于把员工持股同养老和社会保险结合起来，为员工增加收益，从而解除员工退休后的后顾之忧，起到激励员工长期为企业尽心尽力工作的作用，不足之处是易使员工产生福利收益固化的思想，不利于发挥其应有的激励作用；风险型员工持股主要通过员工出资购买或以降薪方式换取企业股份，同时往往

规定较长期限内不能转让兑现来建立风险共担、利益共享的机制，但风险较大、时间较长，可能使员工对预期的收益目标失去信心；集资型员工持股的初衷是企业通过让员工出资来缓解资金不足的困难，实现个人利益与企业发展的结合，通常多被那些经营缺乏资金、一时又难以通过贷款解决的中小企业采用。

第二，根据员工持股的资金来源方式，员工持股可分为融资型和非融资型两种。融资型员工持股主要是利用信贷杠杆来实现。这种做法涉及员工持股（基金）会、公司、公司股东和银行4方面。先成立一个员工持股计划信托基金，然后由公司担保，由该基金会出面，以实行员工持股的名义向银行贷款购买公司股东手中的部分股票，购入的股票由员工持股（基金）会掌握，并利用因此分得的公司利润及公司其他福利计划中转来的资金归还银行贷款的利息和本金。随着货款的归还，按事先确定的比例将股票逐步转入员工账户，贷款全部还清后，股票全部归员工所有。非融资型员工持股是指员工持股不利用银行货款，而是直接由企业向员工持股（基金）会提供一定数量股票或一定资金用于购买企业股票。

第三，根据持股形式不同，员工持股可分为员工直接持股、以员工持股会名义持股、组建投资公司持股和信托方式持股4种类型。以员工持股会名义持股是我国国有企业较通行的做法。

（二）员工持股制度的特点及实践中的问题

1. 员工持股制度的特点

以往国有企业实施员工持股主要呈现出以下特点：

第一，从员工持股实施的对象来看，中小企业多于大型企业。我国员工持股是在集体经济和国有经济改革的过程中产生和发展的，而集体企业和从国有企业中退出的企业大多属于中小企业。对于大型企业来说，多数省市原则上规定员工持股制度只在竞争性行业的国有企业中实行，垄断性企业不实行员工持股制度。第二，从员工持股的设计来看，具有很强的自发性、地方性。员工持股制度仍然处在缺乏法律政策支持的自发性制度创新阶段，法律法规的建设明显落后于员工持股制度实践的发展。第三，从员工持股的资金来源看，主要以个人出资为主，其他形式为辅。在员工持股实践中，几乎所有省、市、部门的员工持股暂行规定都明确指出，员工持股的资金"以员工个人出资为主"，有的地区还具体规定"个人现金出资不低于60%"。其他出资形式，如银行贷款、净资产增值奖励、专利等技术成果折股等，在实践中并不多见。第四，从员工持股的载体来看，呈现多样化格局。多数省份规定员工持股要通过建立员工持股会或类似机构进行，有的企业由员工本人以自然人身份直接持有，有的企业委托证券经营机构管理，有的由持股员工成立的有限责任公司作为组织管理者。第五，从员工持股的功能来看，强化了集资和获利，弱化了激励和参与。

2. 员工持股制度在以往实践中的问题

20 世纪八九十年代，伴随着我国国有企业改革和股份制经济发展，员工持股开始试行，并经历了产生、发展、暂缓、停滞和再发展的历程。在管理层面，由于实施员工持股时存在操作不规范、激励效果不明显等问题，国资委曾两次对国有企业实行员工持股进行清理、规范和限制。

当时的员工持股虽为试点，但全国出现了一大批定向募集公司，并且绝大多数都有内部职工股。由于当时试点出现了操作不规范、激励效果不明显等诸多问题，导致了国有资产的大量流失，因此国家已经要求各地停止员工持股的审批。

（1）操作不规范

发行内部职工股超比例、超范围，出现一部分关系股和权力股；没有从严把关企业股票的去向，有冒充内部员工持有企业股份并抛售获利的情况，造成国有资产流失；部分国有企业在实施员工持股时，对持股员工辞职、调动、退休或者合同到期等情况没有制定合适的股份处置方案，常常引起股权纠纷，严重的甚至影响了企业经营。

（2）激励效果不明显

部分国有企业在推行员工持股计划时，出资入股的方式具有"平均主义"色彩，这在一定程度上打击了员工的积极性，从而使激励作用不明显。还有部分国有企业把员工持股的激励作用转变为了福利作用。在内部员工持股的股份制企业中，有些企业由于没有对流通转让做出限制，使员工易受上市获利的诱惑，造成员工持股成了谋取短期福利的手段，未能形成"资本共有、利润共享、风险共担"的利益共同体。有的企业尽管成立了员工持股会，但也会由于外部缺乏法律政策支持和内部缺乏有效的参与机制而致使员工持股的激励作用不够明显。

（三）重启员工持股制度的意义

近年来，员工持股又得到了重启。党的十八届三中全会明确提出，"允许混合所有制经济实行企业员工持股，形成资本所有者和劳动者利益共同体"。2014 年，国务院发布《国务院关于进一步促进资本市场健康发展的若干意见》（又称"新国九条"），提出"完善上市公司股权激励制度，允许上市公司按规定通过多种形式开展员工持股计划"。随后，中国证监会发布实施《关于上市公司实施员工持股计划试点的指导意见》（以下简称《意见》），对员工持股计划进行进一步规范指导。上市公司员工持股计划逐步从无到有，呈积极发展态势，一些地方国有控股上市公司均积极开展了员工持股的改革实践。与此同时，在地方国有企业改革方案中，如上海、广东等地也明确支持企业经营管理者、核心技术人员和业务骨干采取多种有效方式持股。山东提出以形成资本所有者和劳动者利益共同体为导向的改革方案，积极探索混合所有制企业员工持股的多种形式。湖北则提出对各类适合员工持股且员工也愿意持股的地方国有企业，均应允许员工个人出资或以投资公司、股权信托、有限合伙企业等方式持股。

探索混合所有制企业员工持股有积极意义，也势在必行。首先，有利于进一步优化国有企业股权结构，推动国有企业混合所有制改革的步伐。为国有企业引入社会资本，实行企业高管、关键岗位的经营管理人员、技术核心人员直接持股或以某种方式间接持股，形成国有股、非国有股、员工持股的"三足鼎立"之势，以促进产权结构多元化，进一步推动国有企业混合所有制改革。其次，有利于完善企业法人治理结构和改善公司治理水平，提高企业运行效率。实施员工持股，将决定企业核心竞争力的人才资源紧紧地同企业自身的命运与发展结合在一起，让员工拥有股东的身份，使国有企业拥有了实在的所有权约束主体，有助于优化国有企业法人治理结构。同时，通过股权的激励，能够增强员工对公司长期发展的关切度和管理的参与度，进一步规范企业的管理体制和运行机制，不断改善公司治理水平。再次，通过实施员工持股，形成相互制衡、利益共享、风险共担机制，发挥各方的优势，调动各方的积极性，能够挖掘企业内部成长的原动力，提高骨干员工的凝聚力，将有助于改善国有企业经营效率，提升国有企业的竞争力和盈利能力。最后，作为中央企业薪酬制度改革的有益补充，探索实行混合所有制企业员工持股，可以更好地推进国有企业高管薪酬市场化，以对其实施更有效的激励和约束。

二、试点先行

《意见》明确指出，探索实行混合所有制企业员工持股，明确了国有企业混合所制改革和员工持股的先后顺序，并提出要通过试点稳妥推进员工持股。正确的理解应该是国有企业混合所有制改革后，可以探索实施员工持股，要坚持试点先行、稳妥推进的原则，选择符合条件、基础较好的企业先行先试，在取得经验基础上稳妥推进，有序扩大范围，通过实行员工持股建立激励约束长效机制。试点企业的确定应该由一级企业（履行出资人职责机构所监管企业，下同）向履行出资人职责机构提出申请，经审核同意后确定试点企业名单。一级企业选择混合所有制企业开展员工持股试点时一定要严格控制试点范围。

三、持股方式

国企改革过程中，要以增资扩股、出资新设等增量方式试点推行混合所有制企业员工持股。同时，在试点中还需正确把握出资方式、买入价格、股份管理、持股比例等关键问题，保证顺利、规范地推进混合所有制企业员工持股试点。

（一）出资入股的方式

《意见》指出员工持股主要采取增资扩股、出资新设等方式。这说明目前试点推行的混合所有制员工持股主要采取增量带动的方式，注重分享增量利益，而存量方面，如大股东无偿捐赠、定向转让等方式不在试点范围内。员工在出资入股时，国有股东及企业不得违规低价折股，不得为员工持股提供借款或垫付款项，不能向持股员工提供担保、抵押、质押、贴现等任何形式的资助，也不得要求与本企业有业务往来的其他企业为员工持股提供借款或融资帮助，否则将容易产生暗箱操作和利益输送，造成国有资产流失。

具体来看，增资扩股的方式主要是员工直接投资入股企业，扩大混合所有制企业的总股本，增加企业的资本金，最终调整股东的结构和持股比例。企业增资属于重要事项，必须经过股东（大）会决议（需经代表三分之二以上表决权的股东通过），增加的注册资本要经过会计师事务所验资，同时变更公司章程，并办理相应的变更登记手续。

出资新设主要是指试点推行员工持股的企业与持股员工共同出资新设企业，即通过向特定对象募集的方式设立公司，引入员工持股。应该注意，试点企业购买员工持股企业的产品和服务，或者向员工持股企业提供设备、场地、技术、劳务等，应采用招投标等市场化的方式，做到价格公允。

目前，持股员工应该以现金出资为主，科技型企业员工按照国家有关规定还可以以专利技术等知识产权出资入股，现阶段还不允许以银行贷款、净资产增值奖励等方式出资入股。以现金出资的，应及时到位；以知识产权出资的，员工应该提供该知识产权的所有权属证明并依法评估作价，及时办理产权转移手续。

（二）股份购买的价格制定

员工入股价格涉及员工切身利益，应按照国有企业改制、企业国有产权转让管理等有关规定，以经核准或备案的资产评估结果作为主要依据。上市公司员工入股价格按照《证券法》及监管规章的有关规定执行。

（三）如何管理员工持股股份

员工持股的管理可以多样化，员工既可以以个人名义直接持股，也可通过持股平台，如公司制企业、有限合伙制企业、员工持股计划等，以及法律法规允许的其他方式持有企业股权。持股平台应主要从事员工所持股权的管理，不得从事其他经营性活动。上市公司可以自行管理本企业的员工持股计划，也可以将员工持股计划委托给信托公司、保险资产管理公司、证券公司、基金管理公司等具有资产管理资质的机构管理，表4-2表述了不同员工持股方式的比较。

表4-2 不同员工持股方式的比较

方　式	员工个人持股	商业信托持股	企业法人持股
股权集中程度	分散	集中	集中
适用法律	《公司法》《中华人民共和国合同法》	《中华人民共和国合同法》《中华人民共和国信托法》	《公司法》
员工出资方式	员工与企业签订合同	员工与信托投资公司签订资金信托合同	通过壳公司间接出资
名义股东	—	信托投资公司	壳公司中的股东代表
对企业决策影响程度	弱	强	强
股东权益实现	个人行使股东权利	信托公司拥有经营管理等股东权利；员工享有信托受益权，包括知情权、决策权、收益权、信托财产分配权等	股东代表集中行使股东权利；员工享有间接表决权、收益权
操作烦琐程度	简单	较复杂	复杂

（四）员工持股比例的确定

混合所有制企业全部有效的员工持股比例和员工个人持股比例的最高上限应该严格遵守混合所有制企业实行员工持股试点的有关工作要求。在持股方案确定的持股比例限额内，由员工自愿确定实际入股份额，员工持股的股票总数不包括通过二级市场自行购买的股份。混合所有制企业在具体确定持股比例时，应充分考虑未来员工持股的实施，可适当预留相应股份。

（五）员工持股分红

恰当的股份分红能够有效激励员工的积极性，企业应合理确定分红率，处理好股东短期收益与资金积累的关系，这将有利于企业的长远发展。但应该注意，国有股东不应该向员工承诺持股的年度分红回报或设置托底回购条款，另外持股员工不得优先于国有股东和其他股东取得分红收益。

四、持股范围

《意见》强调了混合所有制企业员工持股实施的重点领域和重点人员，明确了科技企业的技术人员和管理人员是持股的中坚力量。这进一步说明探索国有企业混合所有制改革实施员工持股，其目的是解决国有企业活力和创新力还不能适应结构升级与动力转换，特别是创新驱动新要求的问题，是进一步激发企业活力和创新能力的重要举措。

（一）混合所有制企业实行员工持股的重点领域

混合所有制企业在实行员工持股的过程中，应当优先支持人才资本和技术要素贡献占比较高的转制科研院所、高新技术企业和科技服务型企业开展试点。因为这类企业多处于充分竞争的重点领域和行业，且具备较为完善的治理结构和市场化的运营机制，同时人才的作用较为凸显。另外，上述重点领域的企业具有快速成长的特点，产品附加值较高，员工对企业有良好的预期。在这类重点领域实施员工持股能够对员工产生很大的吸引力，通过实现企业成长与股权激励的紧密结合，使员工的付出获得回报，同时进一步激发国有企业的活力和创新力。

目前，资源型和政策性、垄断性较强的企业不能开展员工持股，因为若在这些领域开展试点，容易造成利益输送、国有资产流失。同时，原则上一级企业暂不能开展员工持股试点。另外，以上市为目的改制设立的股份有限公司，自发起设立至首次公开发行上市期间，不能引入员工持股。因为我国股票公开发行上市价格与非公开认购的股票价格通常存在巨大的差价，这很容易使员工持股成为公司内部人不当套利的工具或进行非法证券交易活动的手段。

（二）混合所有制企业实行员工持股的重点人员

持股员工原则上为与本企业签订劳动合同的正式员工。目前探索的员工持股不是全员持股，而是重点支持对企业经营业绩和持续发展有直接或较大影响的科研人员、经营管理人员和业务骨干等持股，避免人人持股、平均持股、福利持股。转制科研院所、高新技术企业和科技服务型企业的发展在很大程度上依赖于科研人员、经营管理人员和业务骨干的创造性劳动，这种创造性劳动与企业发展不可分割地联系在一起。这类重点人员除了对财富的追求外，同样重视事业的成就感和自我价值的实现。所以，选择这类重点人员实施员工持股能彻底将人才资源紧紧地同企业的命运与发展结合在一起，能够增强这类员工对公司长期发展的关切度和管理的参与度，有利于构建"资本共有、利润共享、风险共担"的利益共同体，以此更好地通过激励促进企业业绩提升和持续发展。

另外，参与持股的员工只能持有本企业的股权，组织任命的国有企业负责人不能持股，履行出资人职责机构或国有股东选派的外部董事、外派监事也不得持股。

五、规范操作

目前探索实行混合所有制企业员工持股，需要通过健全审核程序、规范流程、严格评估等措施，以及规则清晰、过程公开等办法予以推进，严禁暗箱操作，防止利益输送和国有资产流失。

（一）健全审核程序，防止内部人控制

一级企业需要建立健全审批管理制度，规范履行内部决策程序，同时该制度需要上报履行出资人职责机构备案。一级企业负责审批所属各子企业的员工持股试点方案，并负责指导和监督各子企业实施，切实防止内部人控制。

（二）规范操作流程，确保公开透明

为进一步规范员工持股的操作流程，一方面，被选中的试点企业应按照混合所有制企业实行员工持股试点的有关工作要求制定员工持股方案，方案中需要对持股人员的范围、持股的期限和比例、资金和股份来源、股份的日常管理机构、新增退出、收益提取等做出明确的规定；另一方面，还需确保员工持股公开、透明。试点企业在员工持股方案制定过程中需征求普通员工、外部董事、职工董事的意见。同时，方案相关内容应在企业内部充分披露，充分保障职工对企业改制的知情权、表达权和监督权。国有控股上市公司应严格遵守高级管理层股权变动的信息披露要求，如图4-1所示。

```
┌─────────────────────┐
│   一级企业提出申请    │
└─────────────────────┘
           │
           ↓
┌──────────────────────────┐
│ 履行出资人职责机构确定试点名单 │
└──────────────────────────┘
           │
           ↓
┌──────────────────────┐      ┌──────────────────┐
│  试点企业制定员工持股方案  │ ───→ │ 征求普通员工、外部  │
└──────────────────────┘      │ 董事、职工董事意见  │
           │                   └──────────────────┘
           ↓
┌──────────────────────────┐
│  经董事会、股东(大)会决议通过  │
└──────────────────────────┘
           │
           ↓
┌──────────────┐      ┌──────────────────┐
│  一级企业审批   │ ───→ │ 制定审批管理制度并报履 │
└──────────────┘      │ 行出资人职责机构备案  │
           │           └──────────────────┘
           ↓
┌──────────────┐      ┌──────────────────┐
│ 信息公开、充分披露 │ ───→ │ 保障职工对企业改制的 │
└──────────────┘      │ 知情权、表达权和监督权 │
                      └──────────────────┘
```

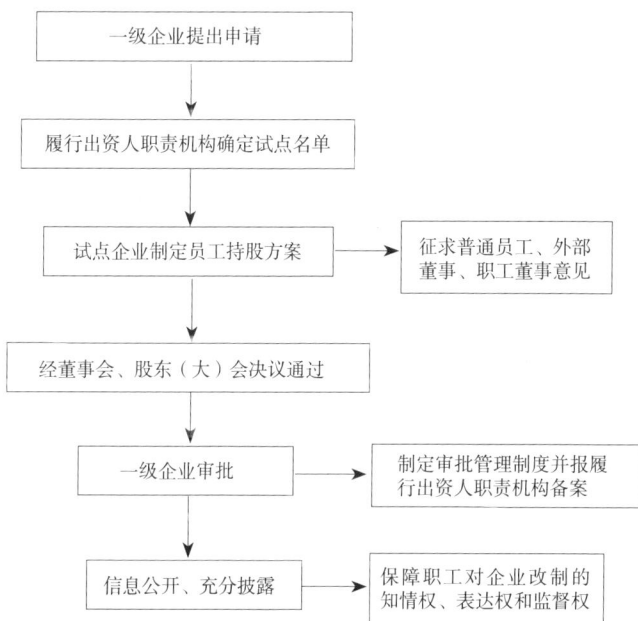

图 4-1　试点企业实施员工持股操作流程

（三）加强监督，避免暗箱操作

加强对混合所有制企业实施员工持股的监督，规范其操作行为，避免利益输送和国有资产流失。一方面，要充分发挥企业内外部监督机构的作用。同级国资管理部门要对企业员工持股情况进行专项检查，确保员工持股规范操作、协调运转。另一方面，可建立第三方监督机制。混合所有制企业在实施员工持股中，可采取公开竞争的方式引入第三方机构，杜绝不规范持股行为导致国有资产流失现象的发生，同时要加强对第三方机构的约束和监管。

（四）健全退出机制，保障员工利益

处理好员工股权退出问题，建立健全退出机制是规范员工持股、推进员工持股顺利进行的关键。一般来讲，非上市公司员工所持股份应在企业内部封闭运行，不宜对外转让。员工与公司终止劳动关系时，应在离开工作岗位的一定期限内将股份转让给企业内部符合条件的员工、国有股东或持股平台公司。混合所有制企业应针对调任、退休、辞职、死亡以及违纪开除等不同原因设计不同的退出机制。员工持股正常退出企业的情况，如员工退休、生病、死亡等，员工可根据持股方案或规则要求公司收购其所持有的股份，转让价格可以以上一年度审计后的净资产值为基础进行确定。公司应该预测近期将要退出的员工数量，提前做好资金准备，在资金压力确实较大时，可以与员工协商支付的具体形式和时间。若员工辞职，股份回购价格可以高于员工购股价，但应该低于员工退出时确定的资产转让价格。若员工违纪被开除，将无法获得当初购股价款。另外，上市公司员工转让股份应按照证券监管的相关规定办理。

（五）引导正确舆论，建立责任追究制度

为消除社会、政府部门和企业职工队伍对员工持股的认识误区，应引导正确舆论，理性看待混合所有制企业员工持股问题。既不能因为以前国有企业员工持股在实践中存在的问题而轻易否定这一制度，也不能盲目乐观，而应该通过学习和借鉴国内外的有益经验，在一定的制度框架内解决前一阶段实施中存在的问题，才能使这一制度真正发挥积极的作用。政府有关部门应做好服务工作，为实施员工持股制度的混合所有制企业提供指导和帮助，以便在遇到执行问题时可以迅速做出反应，并按照标准程序继续进行工作，提高实施效率。同时，做好员工宣传，对员工进行股份制改造的基本知识、员工持股方面的政策法规、员工持股管理和参与公司利润分配及投资风险的教育，保证员工持股运作成功。

此外，还必须建立责任追究制度。如果在实施过程中出现制度不健全、程序不规范等问题时，批准单位应督促企业立即整改。发生国有资产流失的，要依法追究相关责任人的责任。

第五章　混合所有制企业混合所有制改革中的薪酬制度研究

第一节　薪酬概念及其基础理论

一、薪酬的概念

（一）与薪酬有关的几个基本概念

1.报酬

报酬是指员工从企业那里获得的作为个人贡献回报并认为有价值的各种东西。报酬有两种分类方法：一是将报酬分为经济性报酬和非经济性报酬；二是将报酬分为内在报酬和外在报酬。

经济性报酬和非经济性报酬的分类是基于报酬是否以货币的形式表现出来，或者是否能够用货币来衡量。非经济性报酬是指对员工有相当程度的吸引力，但不是直接以货币形式表现出来的一些因素，如社会地位、成长和发展的机会、富有挑战性的工作、工作满足感、工作的自主性、特定的工作环境等。经济性报酬是指员工所得到的各种货币收入和实物，包括直接薪酬和间接薪酬。

内在报酬和外在报酬则是以报酬本身对工作者产生的激励是一种外部强化，还是一种来自内部的心理强化作为划分依据。若报酬产生的激励属于外部强化的，则为外在报酬；若报酬产生的激励来自内部的心理强化，则为内在报酬。

近年来，由于企业支付报酬形式的多样化发展，各种显性和隐性的报酬形式层出不穷，所以有些研究薪酬的专家引入了"全面报酬"的概念，即把从企业获得的所有形式的报酬都归在全面报酬的范畴中予以关注。这种收入概念模糊化不仅有利于全面掌握员工的真正收入状况，还有利于企业人员成本的控制。不过，全面报酬的概念之大也使对它的某些内容进行量化考察存在较大难度。

2. 工资

在英文中，学术界和企业界所运用的薪酬词汇经历了从工资（wage）到薪水（salary），再到薪酬（compensation），最后演变为全面报酬（total rewards）的过程。

薪酬不仅是管理学领域研究的重点，也是经济学研究的重要组成部分。经济学和管理学对薪酬的称谓是有差别的，在经济学研究中，一直采用"工资"概念，它对应的是"劳动力价格"。"工资"概念主要是在1920年以前被企业应用，"工资"是根据工作量（如工作时间长短）而给付的报酬。当时，主要支付对象是从事体力劳动的蓝领，他们根据每天工作的时间数来领取报酬。

经济学关注的是工资的性质和工资是如何确定的，而管理学则关注对薪酬的管理。在经济学的论著中，一般对不同形式的薪酬都统一用"工资"一词来概括。在经济学的历史中，对工资问题的研究由来已久，在经济学中第一个用"工资"概念的人是17世纪的英国经济学家威廉·配第。经济学在长达200多年的历史中，产生了诸如威廉·配第、魁奈的最低工资理论、生存工资理论，亚当·斯密的工资差别理论，穆勒的工资基金理论，马歇尔、克拉克的边际生产力理论、均衡价格工资论，克拉克、多布和庇古的谈判工资理论，舒尔茨的人力资本理论，威茨曼、马丁的分享经济论和效率工资理论等著名的工资理论。其中许多理论至今仍对薪酬管理实践产生着重要的影响。

3. 薪水

1920年以后，出现了薪水的概念。在美国，薪水是支付给那些不包括在《公平劳动法案》内，属于豁免职位的任职者，从而没有加班工资的雇员的报酬。白领阶层就属于这类雇员。他们的报酬并不是根据每天工作几小时就给几小时的钱这样最基本的方式发放的，而是企业在每一阶段单位时间（如一个月）后，一次性支付给员工一个相对固定的报酬数额（如月薪）。这就是薪水和工资的最大区别。

薪水概念主要盛行于20世纪80年代之前，从1980年开始，薪酬的概念开始为大多数人所接受。从字面理解，薪酬是平衡、补偿的意思。单一个"酬"字就暗含着薪酬的支付方与被支付方之间是"交换"的关系，劳动者为企业付出劳动，企业给他们报酬。

（二）薪酬概念的界定

"薪酬"一词所对应的英文是"compensation"，是指用人单位以现金或现金等值品的方式付出的报酬，包括员工从事劳动所得到的工资、奖金、提成、津贴以及其他形式的各项利益回报的总和。

孙剑平认为，真正从管理学的角度对企业的薪酬制度设计进行研究始于1911 年美国管理之父泰勒对薪酬问题的研究。泰勒令人信服地证明了企业薪酬管理是可以作为科学研究对象的，并注意到了薪酬（尽管仅仅认识到金钱）的激励作用，同时实际分析了怎样发挥金钱的激励作用，即运用工作分析和工作评价的方法来探讨理性的薪酬制度的建立。

关于薪酬的定义，学术界有不同的观点，主要如下：

米尔科维奇和纽曼把薪酬定义为，雇员作为雇佣关系中的一方，所得到的各种货币收入，以及各种具体的服务和福利之和，并从社会、股东、雇员和管理者 4 个角度对薪酬的内涵进行了阐述。

约瑟夫·J·马尔托奇奥认为，薪酬是指雇员因完成工作而得到的内在和外在的报酬。内在薪酬是指雇员由于完成工作所带来的心理收入，如成就感、个人进步等。根据工作特征理论，个人的心理收入来自 5 个方面：技术多样性、工作的个性、工作意义、自主权和反馈的程度。外在薪酬包括货币薪酬和非货币薪酬。

加里·德斯勒认为，薪酬实际上是指员工因为被雇佣而获得的各种形式的收入。员工薪酬一般包括两部分：一是以工资、奖金、佣金和红利等形式获得的直接货币报酬；二是以各种借鉴货币形式支付的福利，如雇主支付的保险、带薪休假等。

王长城认为，薪酬是雇主对受雇者为其已完成或将要完成的工作，或者已提供或将要提供的服务，以货币为主要结算工具，并由共同协议、国家法律法规或政策确定，而凭个人雇佣合同支付的报酬或收入。

综合来看，"薪酬"有广义和狭义之分。广义的薪酬则是与上述雇佣关系有关的组织各项付出或员工得到的酬劳，包括用人单位的福利和各种其他的待遇，还包括其他使员工获得利益和承认，满足个人需求的内容。狭义的薪酬是与"劳动"直接联系的部分，是指员工为某一组织工作而获得的所有直接和间接的经济性薪酬，这些经济性薪酬还可以依据是否取得直接的货币形式而分为货币性薪酬和非货币性薪酬。本书所研究和讨论的薪酬就是基于这种对薪酬的狭义理解。

二、薪酬的功能

（一）薪酬的功能：员工方面

1. 补偿功能

职工在劳动过程中体力与脑力的消耗必须得到补偿，保证劳动力的再生产，劳动才能得以继续，社会才能不断进步。同时，职工为了提高劳动力素质，要进行教育投资，这笔费用也需要得到补偿，否则就没有人愿意对教育投资，劳动力素质就难以提高，进而影响社会发展。在市场经济体制下，对以上两方面的补偿不可能完全由社会来承担，有相当一部分要由个人承担。对职工来说，通过薪酬的取得，以薪酬换取物质、文化生活资料，就可保证劳动力消耗与劳动力生产费用支出的补偿。

2. 激励功能

为了提高生活水平，就要通过多劳动来多得薪酬。但是，薪酬的多少不仅取决于提供的劳动量，还在于劳动的质量。劳动质量高，薪酬就多；反之，薪酬就少。因此，职工为了取得较多的薪酬，提高生活水平，还应不断地、全面地提高自身的素质，以求能够提供数量更多质量更高的劳动，从而获得更多的薪酬。通过薪酬的这一激励功能，可以从物质利益上激励职工关心自己劳动力素质的提高和劳动成果的增加，最终使全社会的经济不断发展提高，人民生活不断改善。

3. 价值实现功能

薪酬是员工工作业绩的显示器，合理的薪酬是对员工工作能力和水平的承认。薪酬水平的高低也往往代表员工在组织内部的地位与层次，从而成为对员工的个人价值和成功进行识别的一种信号。此外，合理的薪酬还增强了员工对组织的信任感和归属感。

（二）薪酬的功能：企业方面

1. 调节功能

薪酬的调节功能主要表现在引导劳动者合理流动。在劳动力市场中，劳动供求的短期决定因素是薪酬。薪酬高，劳动供给数量就大；薪酬低，劳动供给数量就少。因此，科学合理地运用薪酬这个经济参数，就可以引导劳动者向合理的方向流动，使其从不急需的产业流向急需的产业，从发挥作用小的产业流向发挥作用大的产业，达到劳动力的合理配置。薪酬的调节功能还表现在通过对薪酬关系、薪酬水平的调整来引导劳动者努力学习和钻研企业等经济组织急需的业务知识，从人才过剩的职业向人才紧缺的职业流动，既满足了各行各业的需要，又平衡了人力资源结构。

2.效益功能

薪酬对企业等经济组织来说是劳动的价格，是所投入的可变成本。所以，不能将企业的薪酬投入仅看成货币投入。它是资本金投入的特定形式，是投入活劳动（劳动力）这一生产要素的货币表现。因此，薪酬投入也就是劳动投入，而劳动是经济效益的源泉。此外，薪酬对劳动者来说是收入，是生活资料的来源。在正常情况下，一个劳动者所创造的劳动成果总是大于其薪酬收入，剩余部分就是薪酬经济效益。从企业的角度来看，薪酬具有效益功能。也正因为薪酬的效益功能，社会才有可能扩大再生产，经济才能不断发展，人们的生活水平也才会不断提高。

3.统计与监督功能

薪酬是按劳动数量与质量进行分配的，因此薪酬可以反映出劳动者向社会提供的劳动量（劳动贡献）大小。薪酬是用来按一定价格购买与其劳动支出量相当的消费资料的，因此薪酬还可以反映出劳动者的消费水平。通过薪酬就能把劳动量与消费量直接联系起来，这有助于国家从宏观上考虑合理安排消费品供应量与薪酬增长的关系以及薪酬增长与劳动生产率增长、国内生产总值增长的比例关系。

4.塑造和强化企业文化

合理和富有激励性的薪酬制度有助于企业塑造良好的企业文化，或者能对企业文化起到积极的强化作用。同样的薪酬可能产生合作文化，也可能产生雇佣文化。如果薪酬制度与企业文化或价值观存在冲突，那么它会对企业文化和价值观产生严重的消极影响。

5.控制经营成本

薪酬成本是成本支出的重要部分。虽然较高的薪酬水平有利于企业吸引和保留员工，但也会对企业产生很大的成本压力，从而对企业在产品市场上的竞争产生不利的影响。因此，如何在保证一定的薪酬吸引力的同时，有效地控制薪酬成本支出，对于大多数企业来说都具有重大意义。

三、薪酬制度的基础理论

（一）工资决定理论

1.古典经济学派的工资决定理论

古典经济学派认为，工资是劳动力价格的体现，等于维持这种劳动力所需的生活资料的价值。最早对劳动力价值进行论述的英国经济学家威廉·配第指出，工资是维持工人生活所必需的生活资料的价值。亚当·斯密、大卫·李嘉图等在这基础上做了进一步的阐述，认为对于需要靠劳动力过活的工人，他们的工资水平至少必须能够维持他们的生活。在大多数情况下，工资还得稍稍超过足够维持生活的程度，否则劳动者就不能赡养其家室了。

2. 马克思主义的工资决定理论

马克思认为，工资只是劳动力价格的特种名称，工资是劳动力价值或价格的转化形式。劳动力商品的价值是由生产和再生产劳动力这种特殊商品所需要的社会必要劳动时间决定的。工资是由那些决定其他一切商品价格的规律决定的。这就是说，作为劳动力商品价格的工资的形成与决定必须遵循市场法则，只有在市场规律的作用下才得以决定。工资的形成与决定受到供求规律和竞争规律共同的制约和影响。决定劳动力的价格即工资的竞争来自三个方面：卖主之间的竞争，这种竞争将降低工资水平；买主之间的竞争，这种竞争将提高工资水平；买主和卖主之间的竞争，这种竞争的结果将取决于竞争双方的对比关系。买主和卖主竞争的优劣势取决于劳动力商品的供求状况及供求的改变，而劳动力商品供求关系的改变将引起工资水平的上涨或下跌，即引起劳动力商品的价格波动。劳动力的价值是由生产、发展、维持和延续劳动力所必需的生活资料的价值决定的。工资水平的波动是以劳动力价值为基础的。劳动力价值的决定与工资水平的决定具有与其他一般商品价格决定不同的特点。劳动力价值决定受着纯生理的要素和历史、社会的要素影响和制约。随着资本积累过程的不断推进，工人之间的竞争就增长得更迅速，资本增长得越迅速，工人阶级的就业手段即生活资料就相对缩减得越厉害。工资水平的决定将取决于劳动力供给者的竞争实力，取决于联合的谈判力量。

3. 新古典经济学派的工资决定理论

19世纪后期，美国经济学家约翰·贝茨·克拉克提出的边际生产力理论认为，由于边际报酬递减规律的作用，可变要素的边际收益产品随着可变要素的不断增加，最初上升，而超过某一点后，开始下降。在这种情况下，任何一个以利润最大化为目标的企业使用可变要素的原则都是边际成本与相应的边际收益相等，这个原则也是企业确定劳动力价格的原则。后来，剑桥学派的领袖人物阿尔弗雷德·马歇尔融合了古典经济学派有关分配理论的思想和边际学派的边际理论，以供给均衡价格论为基础，建立起供给均衡工资理论，认为工资同其他商品的价格一样，是由供给价格与需求价格两个方面共同决定的，其中决定需求价格的是劳动的边际生产力，而决定供给价格的包括劳动力的生产成本和劳动的闲暇效用。马歇尔的这种以市场机制为工资决定基础的分配理论为此后的西方工资理论打下了基础，许多工资决定理论就是在此基础上展开的，包括影响力比较大的集体谈判工资理论。

4. 制度经济学派的工资决定理论

与新古典学派相反，制度学派否定了市场性因素对工资起决定作用的说法，而从制度因素角度来解释工资的决定，认为现实中的劳动力市场通常呈现出二元分割的格局，同时处于一种不完全竞争的状态，工资水平的高低并不是简单地由供给和需求双方作用决定，还包括各种影响市场供需变化的制度性因素，这些制度性因素弱化了供给力量在工资决定中的作用。制度学派认为，劳动者工资率取决于两方面：一是劳动者所处的产业或部门；二是劳动者拥有的人力资本。

（二）薪酬激励相关理论

1. 需要层次理论

马斯洛的需要层次理论有两个基本观点：一是人的行为由需要推动，一旦需要满足即失去"动力"，只有需要还未满足时才有激励作用；二是人的需要分五个层次，依次为生理需要、安全需要、归属与爱的需要、自尊需要和自我实现需要，只有低一层次需要得到满足时，才能产生高一层次需要。阿德弗重组了马斯洛的需要层次理论，并进行了实证研究，提出 ERG 理论，认为人有三种核心需要：生存需要（E）、关联需要（R）和成长需要（G）。多种需要可以同时存在，如果高层次需要不能得到满足，那么满足低层次需要的愿望会更强烈。多种需要可以同时作为激励因素。但由于个人偏好不同，具体的需要层次结构也会呈现多样性的特征。需求层次结构也会随所处的社会环境和人生状态变化而变化。麦克里兰在批判吸收马斯洛理论的基础上提出成就激励理论，将人的社会性需要归纳为三个层次，即成就需要、权力需要与合群需要。员工由薪酬而产生的心理感受均会影响这三种需要的满足。需要层次理论表明，薪酬在满足员工低层次需要的同时，有助于员工追求高层次需要，具有良好的激励效果。基本工资必须设定在足够高的水平，为满足员工的基本生活需要提供经济支持。过高的风险工资会阻碍员工满足自己低层次需要，激励作用有限。同时，应注意薪酬对员工高层次需要满足的意义。

2. 双因素理论

赫茨伯格提出的双因素是指激励因素和保健因素。激励因素与工作本身相关，保健因素与工作条件和工作关系相关；缺乏保健因素将阻碍员工表现组织期望的行为，激励因素才是激励员工的主要手段。按照双因素理论，员工基本工资和福利属于保健因素，应当相对稳定，保障员工基本生活；员工绩效工资属于激励因素，必须在考核的基础上保持其在总薪酬中占据一定比例，才能激发员工工作动力，提高工作绩效。

3. 期望理论

行为科学家弗隆提出的期望理论可以用公式表示：激发力量 = 期望 × 效价。基本观点如下：一个人把目标的价值看得越大，估计其能实现的概率越高，激励作用就越强。期望理论说明，激励效果取决于奖酬和潜在绩效之间的关系，绩效奖励的水平越高，激励效果越好。组织应当明确工作的任务与职责并且将薪酬与绩效联系，有意识地提供相应的培训和资源，使员工相信自己可以达到绩效标准。基于期望理论，企业向员工提供的奖励必须是对员工有吸引力的、可达到的。应该注意，不同员工的效价范围和权重取值不同，企业应尽可能采用大多数员工认为效价最大的奖励。适当调整期望概率与实际概率的差距以及达成目标的难易程度，拉开企业期望与非期望行为间的差异也有助于增强激励效果。

4. 激励过程综合理论

波特和劳勒在期望理论的基础上导出的激励过程综合理论认为，工作绩效是一个多维变量，受以下 5 个因素的影响：个人能力和素质；外在的工作条件与环境；个人对组织期望意图的感悟和理解；对奖酬公平性的感知；个人努力程度。个人工作努力程度的大小取决于对内在和外在薪酬价值（特别是内在奖酬价值）的主观评价，以及对努力—绩效关系（期望值）和绩效—奖酬关系（工具值）的感知情况。激励过程理论表明，激励是一个环环相扣的复杂管理过程。企业制定薪酬激励策略时绩效评价必须与期望的绩效目标紧密衔接，基于绩效的回报一定要紧随已产生的绩效。绩效目标要富有挑战性并且详细具体，奖励金额要与完成目标的难易程度相匹配。同时，企业要重视薪酬体系的公平性。员工对内在和外在薪酬价值的主观评价和对产生分配结果的过程的主观评价对激励效果起着非常重要的影响。

5. 激励相容理论

美国经济学家哈维茨创立的激励相容理论认为，在市场经济中，每个理性经济人都会有自利的一面，其个人行为会按自利的规则行为行动；如果能有一种制度安排，使行为人追求个人利益的行为正好与企业实现集体价值最大化的目标相吻合，这一制度安排就是"激励相容"。现代经济学理论与实践表明，贯彻"激励相容"原则，能够有效地解决个人利益与集体利益之间的矛盾冲突，使行为人的行为方式、结果符合集体价值最大化的目标，让每个员工在为企业多做贡献中成就自己的事业，即个人价值与集体价值的两个目标函数实现一致化。参与者理性实现个体利益最大化的策略与机制设计者所期望的策略一致，从而使参与者自愿按照机制设计者所期望的策略采取行动。美国经济学家威廉·维克里和英国经济学家詹姆斯·米尔利斯引入"激励相容"的概念，开创了信息不对称条件下的激励理论——委托代理理论。威廉·维克里和詹姆斯·米尔利斯指出，由于代理人和委托人的目标函数不一致，加上存在不确定性和信息不对称，代理人的行为有可能偏离委托人的目标函数，而委托人又难以观察到这种偏离，无法进行有效监管和约束，从而会出现代理人损害委托人利益的现象，造成两种后果，即逆向选择和道德风险，这就是著名的"代理人问题"。为解决此问题，委托人需要做的是如何设计一种体制，使委托人与代理人的利益进行有效"捆绑"，以激励代理人采取最有利于委托人的行为，从而委托人利益最大化的实现能够通过代理人的效用最大化行为来实现，即实现激励相容。

第二节　完善混合所有制企业薪酬机制

一、混合所有制企业薪酬制度改革的思路与方案

（一）混合所有制企业薪酬制度改革的基本思路

混合所有制企业薪酬水平的确立要注意以下几点：一是要将混合所有制企业职工现有的薪酬水平与整个社会居民收入水平进行比对；二是要考虑管理者与员工现有的薪酬倍差是否合理；三是要研究整个国民收入水平与管理者的薪酬倍差；四是要考虑整个国家的贫富差距；五是要考虑行业内的薪酬水平，相对地实现薪酬外部公平。

混合所有制企业薪酬制度改革的基本思路应当坚持如下几个导向：

1. 规范化导向

完善现代企业管理制度，遵循现代人力资源管理理念，建立规范化薪酬管理体系，结合有关薪酬制度改革要求，明确企业负责人和中基层员工的薪酬策略，严格规范薪酬体制与薪酬结构，建立与行业特性、经营效益和市场特点相匹配的薪酬水平，构成规范化薪酬分配与调整机制。

2. 价值化导向

以价值创造能力和价值贡献水平为基本评判标准，形成企业薪酬水平与效益水平挂钩、企业负责人收入水平与业绩贡献挂钩、员工收入水平与任职能力和绩效水平挂钩的"三挂钩"机制，建立岗位、能力、业绩三要素薪酬决定机制。通过完善薪酬管理体系，强化企业价值创造意识，提升经营效益。

3. 差异化导向

围绕薪酬管理规范化结构，结合各类业务特点，构建企业分层分类体系，针对不同类型、等级员工，建立与之相适应的差异化薪酬管理策略和分配办法。充分考虑市场化因素，同时兼顾企业内部公平性。

4. 系统化导向

规范企业薪酬管理基础，以业绩最优化为目标，建立健全激励约束机制，通过薪酬制度改革，实现人才成长牵引、人才吸引与保留，促使企业人力资源队伍结构与质量不断优化，带动各项管理机制持续改进，推动混合所有制企业改革有序进行，促进企业持续健康发展。

5. 合规性导向

混合所有制企业薪酬制度改革旨在规范收入分配秩序，实现"水平适当、结构合理、管理规范、监督有效"。在体系变革过程中，必须要遵从相关政策、规定要求，消除薪酬分配"盲点"。

（二）混合所有制企业薪酬制度改革的系统化方案

任何一家企业，薪酬变革都不能按照"头疼医头，脚疼医脚"的单一思路。薪酬体系的运行也从来不是靠一套薪酬管理制度自身能够完成的，而是要从系统性角度，综合考虑与薪酬管理相配套的各项管理职能。混合所有制企业薪酬制度改革也是如此。

1. 分层分类的薪酬基础体系

以组织管理和员工管理为基础，以"价值创造能力"为依据，按照企业运营方式，构建分层分类体系，去除"行政化"，强化"市场特性"，夯实薪酬管理基础。

（1）岗位价值系统

岗位价值反映从企业角度出发对价值创造能力的评判。虽然岗位作为价值创造能力评判基本单元的理念已为绝大多数企业认同，但是在混合所有制企业薪酬制度改革中，仍是亟待修正的一个基本前提。岗位价值系统的构建主要包括岗位设置与分析、岗位定编设计、岗位等级设置三项内容。

（2）员工能力系统

员工能力系统是指以企业业务需求为基本出发点，通过界定不同类型、不同等级从业者所必须具备的能力资格条件，由此为员工发展、能力培养等提供依据，同时为企业打造结构合理、梯次配备的人力资源队伍奠定基础。员工能力系统建设需要重点回答如下问题："需要什么样的能力""能力标准的制定对象是谁"。

（3）分层分类系统

岗位价值系统和员工能力系统最终落实到与薪酬管理体系的接口上，表现为企业的分层分类系统，即针对不同类别、不同层级员工，根据其岗位重要程度或能力等级差异性要求，确定薪酬管理职能体系。分层分类的主要意义是科学界定定薪基础，解决定薪依据不明确、定薪标准与价值定位不匹配等问题。

2.动态运行的薪酬职能体系

薪酬管理体系设计既要遵循结构化框架，又必须要建立动态运行机制。从混合所有制企业目前薪酬管理体系的运行状况来看，既面临着规范化问题，又面临动态化问题。因此，混合所有制企业薪酬制度改革必须要综合考虑6项关键要素。

（1）薪酬策略

混合所有制企业薪酬制度改革中的一项重要内容是规范企业负责人收入结构和薪酬水平。当前普遍存在的问题是企业员工的薪酬水平在很大程度上受企业负责人收入水平的影响。从对政策要求的解读上来讲，"降薪"似乎成为主题。事实上，混合所有制企业薪酬制度改革应当以规范薪酬结构、明确付薪标准、规范分配过程为核心主线。在实际经营过程中，混合所有制企业必须对企业业绩来源进行客观分析。混合所有制企业薪酬总额策略应当以企业经营业绩目标为制定依据，并参考外部市场水平和社会经济水平。

（2）薪酬体制

常见的薪酬体制主要包括年薪制、岗位绩效工资制、计量（计时或计件）工资制、提成工资制、项目工资制、能力工资制、协议工资制、中长期激励等多种形式。以企业负责人为例，混合所有制企业负责人薪酬采取年薪制，由基本年薪、绩效年薪、任期激励三部分构成。企业负责人收入水平取决于整个企业经营状况，其价值评价方式源于企业业绩目标的完成情况。具体到企业薪酬体制设计过程，薪酬体制的设计必须与员工特点相结合，即以分层分类为基础，根据业务性质和价值创造方式制定差异化薪酬体制。

（3）薪酬结构

混合所有制企业薪酬制度改革的重点之一是要明晰薪酬结构，消除"隐性、模糊的收入项目"，规范分配结构。薪酬结构设计的重点首先是要基于薪酬体制，规范各类薪酬体制下的薪酬结构项目，以及各部分薪酬结构项目的设立依据。其次，薪酬结构设计必须充分考虑各类项目之间的比例关系，要在保障性和激励性、短期性和长期性之间取得平衡。最后，在薪酬结构设计中要建立起各部分薪酬结构项目的分配依据，做到各类结构项目含义明确，界面清晰。

（4）薪酬标准

薪酬体系设计中，绝大部分员工关心的就是"能拿多少钱"，即薪酬标准问题。薪酬标准设计过程中必须满足公平性要求，要从市场情况、企业内部分配情况，以及个人价值评判三个基本维度进行系统设计，形成科学合理的收入水平层次。

（5）薪酬分配

薪酬分配如果是简单地"发工资"，就会直接影响薪酬体系运行效果。薪酬分配的基本前提是要明确各类薪酬项目的分配标准或者分配规则。在大多数混合所有制企业薪酬分配中都包含两种形式：总额分配和员工个体分配。总额分配模式多数情况下针对集团型企业比较适用。员工个体薪酬分配模式，多种情况下比较适用于职能管控模式的企业，此种分配模式设计的核心，是要落实各级管理者对下属员工的考核评价机制，为员工薪酬分配提供客观依据。

（6）薪酬调整

事实上，很多混合所有制企业每年都会对员工薪酬水平进行一定的上浮。然而很多情况下，员工"感觉不到工资调整"，这就是所谓的"心理契约无效"，其中的关键问题在于，企业并没有把工资涨到"该涨的地方"，好钢用错了地方，刀刃再怎么磨也不会锋利。薪酬调整是驱使薪酬体系动态运行的重要举措，要以保持薪酬体系整体运行规则为基本前提。因此，薪酬调整应该兼顾到两类情况：其一，针对企业的薪酬总体调整；其二，针对员工的薪酬个体调整，调整的基本依据是员工价值创造能力改变和价值创造水平变化。

3.系统联动的薪酬协同体系

薪酬管理系统的有效运行，必须依赖与其他管理职能的联动。其中，主要的关联系统包括绩效评价系统、员工发展系统、企业文化系统。

（1）绩效评价系统

绩效评价系统构建的核心是建立以企业业绩目标为导向的全过程绩效闭环管理。混合所有制企业绩效评价系统构建应当围绕三个重点展开：

①绩效管理过程

过程管理是实现绩效管理由"事务性"向"管理性"转变的关键手段。基本思想在于，将绩效管理层层落实，避免将企业绩效管理责任集中于单一的组织或个人，打破传统的"点对点""点对面"考核，实现"面对面"考核。在绩效考核周期结束之后，公司考核各部门的绩效指标完成情况，由各部门根据目标责任书进行追责，由此形成"网状"绩效考核、模式。

②考核指标落实与评价

一般来讲，混合所有制企业绩效考核指标涉及的内容比较庞杂，有企业自身经营管理需求，也有上级单位要求，还要受到相关政策、规定的约束。一些混合所有制企业考核指标的维度、数量非常多，相应的也很难区分出孰重孰轻，并且多数采取的是"自上而下"的分解与落实。在考核指标落实过程中，首先必须对企业和指标进行类别分析和逻辑分解。其次要坚持双向沟通的基本原则，指标确定过程本身即是达成一致的过程，一般的混合所有制企业相对来讲更加强调等级思维，现代人力资源管理理念更加强调横向、纵向的协同性。最后是老生常谈的量化考核问题，"无量化不客观"。过分强调量化是不现实的，但是可以转化为"可衡量"性的思维，将定性指标转化为可衡量指标。

③绩效管理的应用

在与薪酬管理体系结合过程中，绩效管理主要应用于以下环节。

a. 在薪酬分配环节，以绩效结果作为企业薪酬总额核定、组织单元薪酬额核定、员工薪酬分配的依据。主要解决方案在于建立各类薪酬结构项目的分配规则，尤其是"浮动部分"的分配规则。

b. 在薪酬调整环节，应当建立绩效结果的短中期应用机制。着力点在于将中长期绩效结果作为反映员工持续价值创造能力的评判依据，与员工薪酬调整挂钩，打造"能升能降"的动态运行机制。

（2）员工发展系统

员工发展系统是解决混合所有制企业"能上不能下"问题的重要机制和手段，既要建立员工发展与薪酬激励之间的对接关系，又要适时适度控制各级各类员工的队伍结构，两者相辅相成。员工发展系统与薪酬制度改革的结合点在于，企业如何确定价值分配导向和价值评判依据。在确定员工薪酬标准时，基本理念是以岗位和能力要素作为价值创造能力评判依据，根据员工岗位确定薪酬区间，以员工个体能力水平确定在薪酬区间中的定位，既反映岗位对于员工的价值定位要求，又反映员工个体差异，由此促使员工取得岗位晋升或者通过自身努力提升能力水平的牵引。

（3）企业文化系统

影响混合所有制企业变革的重要因素在于企业管理惯性思维，即企业文化问题。观念的转变是影响混合所有制企业薪酬制度改革成败的关键。无论企业倡导或者反对何种文化，必须要围绕"六能"——"能上能下，能进能出，能升能降"构建企业良好的薪酬管理氛围。一是树立正确的价值分配理念，优先提拔能力强、业绩优的员工，优先满足此类员工的激励需求。二是以组织管理、绩效评价和员工发展系统为基础，建立内部员工淘汰机制。三是以价值创造水平为评判依据，驱动薪酬分配与调整动态机制运行。

二、完善业绩考核体系

（一）完善考核指标体系

把坚持完善基本指标与优化改进分类指标相结合。要牢牢把握履行出资人职责的定位，抓住主要矛盾，突出关键绩效指标，抓住出资人最关心、对企业当前和长远发展最重要的指标进行考核，下功夫引导和促进企业加强战略管理，改善薄弱环节，加大科技投入，注重资源节约，提高综合竞争能力。考核指标要坚持"少而精"的原则，切忌"把考核当个筐，什么都往里装"。要进一步完善目标值的确定方法，确定的目标既要使企业能够达到，又要具有挑战性。要在坚持"同一行业、同一尺度"的前提下，积极推进对标工作，掌握并运用好国际、国内同行业最好水平这"两把尺子"，推动企业追求卓越，创造国际、国内一流水平。

中国电子科技集团公司是一个典型的科技型企业，60%以上员工是工程技术人员。在考核指标设计时，就把创新指标作为持续发展的关键指标，加大了对创新的考核力度。例如，对专门负责技术创新的二级单位，集团下达的主要任务就是技术创新。对这样的单位考核时，以技术创新指标为主，而不是经济指标为主。这种聚焦创新主业的做法，极大激发了二级单位领导班子及员工技术创新、管理创新、商业模式创新的热情。同时，因为很多创新任务是三年、五年，对创新性企业的考核若简单拿年度考核的话，只会促进短期行为。集团对创新成果的考核，更重要的是看其整体的创新效果，看一个时期整体的创新效果，而不仅仅考核年度，不纠结于"一城一池"的得失。通过考核指标引导，鼓励一部分企业，尤其是承担创新任务的经营者，经营行为长效化、长期化，实现企业长期可持续发展。

（二）完善考核方法体系

把继承完善与借鉴创新相结合。不同行业、不同企业之间的情况千差万别，企业内部的情况也很不一致。继承完善考核方法要从企业实际出发，加强分类指导，积极推行能够体现行业特点和战略方向的"精准"考核，尽可能把考核的共性要求和企业的个性特点统一起来，不断提高分类考核和分类指导的水平。要在保持考核办法基本稳定的前提下，认真学习借鉴国内外先进的考核理念和方法，大胆探索和创新，逐步探索出一条符合实际、具有特色的成功道路。要积极创造条件，逐步把经济增加值、平衡计分卡等绩效管理方法引入业绩考核体系，积极研究把上市公司市值纳入考核的方法，不断增强企业负责人的股东回报意识和资本成本意识，不断增强企业的价值创造能力。

江苏交通控股有限公司旗下路桥企业宁靖盐公司实施将经济指标与可持续发展和重点任务的完成，与基础管理状况、保障约束等指标并重的全面经营管理的绩效考核管理办法。同时，为推动考核体系的落地，构建了与之相适应的"纵向到底、横向到边"覆盖全员的绩效考核薪酬兑现体系，严格按照考核结果决定薪酬水平。公司还初步建立了管理、专业技术和技能等级3条发展通道，有效拓宽了职工发展晋升渠道。

（三）完善考核激励约束体系

把业绩考核与奖惩任免相结合。重点在规范，关键在考核。要坚持年度业绩考核结果与薪酬分配紧密挂钩，任期业绩考核结果与奖惩任免紧密挂钩，逐步建立起短期激励和中长期激励相结合的激励体系。对实现资产保值增值、业绩优秀的企业负责人，给予和贡献相称的薪酬和奖励；对超额完成个性化指标的企业负责人，给予单项特别奖励；对使困难企业实现大幅减亏、扭亏为盈的企业负责人，给予特别奖励和重用。

三、健全薪酬激励体系

（一）薪酬激励机制的现实意义

薪酬激励是企业薪酬管理的重要内容，即通过将薪酬与业绩挂钩，合理设置薪酬来提高高管和员工工作的主动性、积极性和创造性，从而加强企业经营管理，为企业创造更多经济效益。混合所有制企业薪酬激励机制的实现，将提高企业的核心竞争力，使企业吸引人才、留住人才，促进企业的和谐稳定发展。从混合所有制企业薪酬激励机制的现实意义上看，概括地说，薪酬激励机制可提高企业员工的工作积极性，使企业员工有更明确的工作目标，得到更物质的现实奖励。富有成效的薪酬激励政策能解决高管在项目选择中可能存在的短视、寻租甚至是贪污腐败问题。与此同时，良好的企业薪酬激励机制可以让所属员工具有归属感。薪酬激励机制在制度层面为企业员工提供了保障，员工将与企业结成利益关系共同体，共同致力企业的发展。另外，混合所有制企业的高管作为混合所有制企业的重要组成部分，通过薪酬激励机制的约束，可以解决其道德风险问题，这一现实意义也不容小觑。而混合所有制企业的员工，无论是高管还是普通职员，在稳定的薪酬体系的支撑下，跳槽意愿也会降低，显然有利于增强员工对企业的忠诚度，降低企业员工的离职率，提高企业的管理效率。

（二）混合所有制企业薪酬激励机制存在的问题

当前，混合所有制企业薪酬激励机制的现状不容乐观，还存在着诸多亟待解决的问题，这些问题主要表现为以下几个方面。

1.混合所有制企业薪酬管理理念滞后

长期以来，混合所有制企业经营理念受计划经济思想的束缚，思维固化，虽然岗位工资一直在实行，但没有根据当前形势变化发展的需要，制订相应的薪酬计划。在薪酬结构上，工龄、资历、关系仍然是薪酬等级晋升考虑的关键因素，薪酬结构严重僵化。有些混合所有制企业虽然也意识到薪酬管理理念落后这一问题，也引进了国内外先进的薪酬理念，但这些理念往往缺乏实用性，不能与混合所有制企业的实际情况相符，起不到应有的作用，因此严重影响薪酬管理制度的发展。

2.混合所有制企业的薪酬体系不合理

目前，一些混合所有制企业没有专门的岗位薪酬绩效评价体系。混合所有制企业的薪酬绩效评价体系的缺失，使现有的混合所有制企业薪酬体系在很大程度上存在着诸多不合理因素，由薪酬体系不合理导致的薪酬分配不均现象时有发生。具体来说，混合所有制企业的薪酬体系不合理，一方面，有些岗位（如行政、后勤等）绩效难以衡量；另一方面，部门间有时为了"公平"致使薪酬分配存在平均主义倾向。对于混合所有制企业薪酬体系的构建而言，薪酬太过平均或太过极端都有失公平。

3.薪酬激励措施效果十分有限

目前，在混合所有制企业发展过程中，采取了一些薪酬激励措施，但薪酬激励措施往往局限于隐性福利、员工持股或高管期权上，效果十分有限。混合所有制企业薪酬激励手段单一，缺乏物质激励和精神激励等多种激励手段，仅靠员工持股等激励措施，需要依托一个有效的金融市场。目前，我国金融市场还不够成熟，高管期权对高管起到的激励作用也不是很理想，加之混合所有制企业给高管期权的数量与比例也实在有限，薪酬激励措施的效果也大打折扣。

4.对外部薪酬调查统计不注重

在混合所有制企业发展环境中，外部薪酬调查统计发挥着重要的作用，通过分析外部薪酬，并对薪酬调查统计进行分析，对制定混合所有制企业内部薪酬制度大有裨益。但现有的混合所有制企业薪酬制度缺乏对外部薪酬的调查统计，薪酬标准的制定太过于主观化，薪酬制定标准与当前混合所有制企业发展的实际情况相脱节。有些混合所有制企业意识到外部薪酬调查的重要性，但相关负责人不注重对外部薪酬的调查统计工作，调查范围窄，所调查的数据也不具有可靠性和参考价值。

综上所述，探索混合所有制企业薪酬激励机制的可行性方针策略势在必行。

（三）解决混合所有制企业薪酬激励机制问题的策略

为进一步提高混合所有制企业薪酬激励机制建设水平，在了解了混合所有制企业薪酬激励机制的现实意义和存在的问题的基础上，可以从以下几个方面入手，来解决混合所有制企业薪酬激励机制的问题。

1. 更新混合所有制企业薪酬管理理念

对混合所有制企业薪酬激励机制建设而言，无论是混合所有制企业领导者还是普通员工，都应意识到混合所有制企业薪酬激励机制的重要性，重视薪酬激励机制在混合所有制企业发展中的作用，强化混合所有制企业薪酬激励机制意识。例如，海洋石油工程股份有限公司在更新薪酬管理理念方面，通过定期或不定期地开展现代企业管理理念的培训工作，贯彻薪酬激励机制管理理念的作用，在现代管理理念的引导下将人事劳动改革与薪酬分配紧密结合起来，进而促进混合所有制企业经济的发展。

2. 完善混合所有制企业高管薪酬绩效制度

对混合所有制企业而言，重视混合所有制企业高管薪酬绩效制度，通过借鉴参考相关行业和公司的薪酬绩效制度，根据混合所有制企业的实际情况，采取切实可行的薪酬激励机制计划，逐步完善混合所有制企业高管薪酬绩效制度，通过调整基本工资和加强薪酬绩效管理，在与同行业纵向和横向比较的基础上，结合员工满意度、收入费用率等指标加以量化，留住混合所有制企业高管人才。此外，混合所有制企业还应严格监管高管的职务消费，加强薪酬和在职消费的信息披露，设法利用市场信息对高管决策进行评估。

3. 优化混合所有制企业薪酬管理体系

薪酬管理制度是薪酬管理体系的重要组成部分，混合所有制企业薪酬激励机制应有一定的薪酬管理制度作为约束。只有实行相应的混合所有制企业薪酬管理制度，薪酬管理才能有章可循，不至于管理混乱。对于混合所有制企业薪酬管理而言，应重新定位和制订职工持股计划，注重薪酬激励机制在薪酬管理中的作用，鼓励和约束经营管理者为公司和股东的长远利益而努力。混合所有制企业在优化薪酬管理体系时，可以将经营管理者持股从内部职工持股中独立出来，扩大其持股的比例，并试行经营管理者年薪制和股票期权制这两种风险化的报酬模式。另外，对企业有突出贡献的员工应给予特殊奖励。

4. 采取多样化的薪酬激励方式

对混合所有制企业而言，合理配置薪酬结构，在薪酬激励方式的选择上，结合物质激励和精神激励两种激励方式，灵活多样地采取多种薪酬激励并行的方式，在满足全体基本需求条件下结合部门差额绩效与员工评价，力求用科学合理的薪酬激励计划激励企业员工，将大大提高企业员工的积极性。具体来说，要积极营造企业文化氛围，以环境激励、成就激励与能力激励等方式，帮助企业员工自我实现，实现企业的可持续发展。

5. 注重对外部薪酬的调查统计

薪酬制度的对外竞争性主要是通过外部薪酬调查来体现，混合所有制企业要注重对外部薪酬的调查统计工作，确定适当的薪酬水平，通过有效的调研下放薪酬制定权，保持企业的对外竞争力。混合所有制企业在制定薪酬标准时，可以考虑利用统计局数据库和相关资源对薪酬标准进行有效调研，制定薪酬时要特别考虑不同行业、不同工种的具体情况，做足调查准备工作。

总之，混合所有制企业薪酬激励机制是一项综合的系统工程，具有长期性和复杂性。对于混合所有制企业而言，应更新混合所有制企业薪酬管理理念，完善混合所有制企业高管薪酬绩效制度，优化混合所有制企业薪酬管理体系，采取多样化的薪酬激励方式，注重对外部薪酬的调查统计，针对混合所有制企业薪酬激励机制中存在的问题，不断探索解决混合所有制企业薪酬激励机制问题的策略。只有这样，才能不断提高混合所有制企业薪酬激励机制的建设水平，进而促进混合所有制企业又好又快发展。

第六章　混合所有制企业公司治理研究

第一节　混合所有制企业公司治理研究概述

一、中国混合所有制企业的产生

中国的混合所有制经济是适应市场经济发展需要而逐步建立起来的，是随着改革开放的不断深入而逐步发展壮大的。改革开放以来，中国经济逐步打破了传统的单一所有制结构，出现了多种经济成分相互渗透、相互融合的新趋势。有专家估计，目前的混合所有制经济约占我国总体经济的 40% 左右，再经过 5～10 年的发展，混合所有制经济可能达到 80% 左右。党的十六届三中全会明确指出，"完善社会主义市场经济体制的主要任务是完善以公有制为主体、多种所有制经济共同发展的基本经济制度，要积极推行公有制的多种有效实现形式""除极少数必须由国家独资经营的企业外，积极推行股份制，发展混合所有制经济""实行投资主体多元化，使股份制这种混合所有制经济成为公有制的主要实现形式""大力发展国有资本、集体资本和非公有资本等参股的混合所有制经济，实现投资主体多元化"。由此可见，混合所有制经济将是未来我国经济的主要形式，因此必须适应经济市场化不断发展的趋势，大力发展混合所有制经济。

（一）市场化转轨中我国所有制结构变迁

改革开放以来，分别以 1978 年党的十一届三中全会、1984 年党的十二届三中全会、1997 年党的十五大为标志，中国所有制结构实现了三次大的突破，从而打破了传统计划经济下僵化、单一的所有制结构，并初步形成了一种多元复合型的所有制结构。中国国民经济在这一时期的快速发展在很大程度上应归功于所有制结构的改革，我国所有制结构的改革主要体现在以下几个方面。

1. 国有经济比重迅速下降但依然保持主导作用

中国所有制改革的一个重要目标就是打破计划经济体制下形成的国有经济"一统天下"的局面，逐步降低国有经济的比重，同时还要保持国有经济在国民经济中的主导作用。国有经济起主导作用，主要体现在控制力上。在社会主义市场经济条件下，国有经济的控制力是指国有经济能够成为经济发展和运行中的控制性力量。它既表现在数量上，又表现在质量上。改革开放以来，国有经济在国民经济总体中的比重不断下降，国有企业数量大幅减少。在国有企业数量大幅减少的同时，国有企业的经济实力却在不断增强。1991年以来，国有企业户均工业总产值不断增加，并且远高于非国有企业户均工业总产值，这说明在国有企业数量减少的同时，单个国有企业的实力在不断增强。此外，从国民经济总体来看，在关键性行业和支柱产业中，国有经济仍占有较大比重，居于支配地位。目前，国有经济在基础产业、垄断性行业和一些特殊性行业中，仍然保持着绝对控制力甚至垄断地位，如国防工业、资源型行业与原材料工业。在一些重要行业也保持着相当的控制力，如在石油、冶炼、机械、设备制造、医药、化工、电力、航空、电信等关系国计民生的关键行业中，国有经济不仅比重高，还通过控制大型企业，保持着对整个行业的调控作用。

2. 非公有制经济迅速发展

党的十一届三中全会以来，在推进国有制经济内部改革的同时，将发展个体经济与私营经济作为一项重要的经济发展战略，并将鼓励与保护个体经济及私营经济的发展写进了宪法，将个体经济与私营经济看成是公有制经济的重要补充。这为个体经济及私营经济的发展提供了广阔的空间与良好的环境，个体经济和私营经济得到了蓬勃发展。在个体经济与私营经济快速发展的同时，外商及中国香港、中国澳门、中国台湾地区投资经济也得到了长足发展。对外开放是中国的一项基本国策。在这一政策的推动下，中国成为世界上仅次于美国的第二大利用外资国。这些非公有制经济的快速发展，促进了我国所有制结构的多元化，给我国的经济发展带来了生机和活力。

3. 混合所有制企业大量出现

随着经济改革的不断深入，在所有制结构上逐步形成了以公有制经济为主体、多种经济成分并存的格局。社会宏观所有制结构的变化也引起了企业内部微观所有权结构的变化。由于市场调节的范围不断扩大，投资渠道、投资方式、投资领域不断放开，单一经济成分经营的企业之间出现了一种有竞争、有联合的趋势。越来越多的企业或经营组织由不同的经济成分合资或合作组成，如各种形式的联营企业，中外合资、合作经营企业及股份制企业等。这类企业的共同特征是各方投入及其经营管理融为一体，收益共享，风险共担。因此，从企业的财产关系来看，资产的所有权已由单一变为多元，形成了混合所有制的格局。混合所有制经济的发展主要表现在四个方面：一是在农村经济发展中，产生了大量的公有财产和农户私有财产共同使用、共同受益的合作经济。合作经济的形式多种多样，如乡镇企业吸收农户入股，乡镇企业与农户私营企业合资或合作经营，乡镇企业与国有企业联营等。二是随着对外开放的不断深入，中外合资、合作经营企业迅速发展，在沿海地区乡镇企业与外商合资、合作联办企业的发展很快。三是股份制企业迅速发展。股份制作为一种企业组织形式，能够较好地兼容和保障不同投资主体的权益。因此，由不同经济成分集资入股组建，或由国有企业吸收其他经济成分的法人入股以及向社会发行股票改组设立有限责任公司、股份有限公司，就成为比较规范的混合所有制形式。特别是大量的国有企业、乡镇企业与私营企业改制为股份有限公司，或者转变为股份合作制，为混合所有制经济的发展提供了广阔的空间。四是在促进企业横向联合，鼓励跨地区、跨部门、跨所有制的经济协作，发展企业集团等一系列政策的过程中，出现了大量全民所有制与集体、私营、外资的联合企业，以及以国有企业为核心层，包括集体企业、私营企业或外资企业的企业集团等混合所有制企业。

（二）混合所有制企业产生的内在原因

混合所有制改革的启动对原来的所有制结构造成了巨大的冲击，从而推动了多元所有制经济结构的生成，加快了非国有经济的发展，使所有制演变与市场化的总体进程相适应。

在所有制政策与经济波动之间真正起决定作用的是经济发展的内在规律。所以，不应把所有制政策看成是"外生变量"，它的出台和调整应当遵循经济发展的内在规律。只有遵循经济发展的内在规律，才能带来所有制结构的优化。所有制结构优化并不是指某一种所有制经济，而是指各种所有制经济在经济发展过程中的相互联系和相互作用，整合为一种宏观生产力。如果这个所有制结构系统能够最大限度地促进生产力的发展、促进整个社会的经济效率和社会福利水平的提高，那么这种所有制结构就是最优的。从经济运行的角度来看，所有制结构最优的标准就是资源配置的整体最优。最优的所有制结构并不具有固定不变的模式，它必须在动态中不断调整，而混合所有制正是所有制结构优化的结果。我国的混合所有制企业正是为了适应计划经济向市场经济转轨的需要而产生的，因为这种所有制形式的企业能够实现资源配置最优化，能够促进国有经济的发展壮大。

二、混合所有制企业的内涵及作用

（一）混合所有制企业的内涵

混合所有制经济是指由不同所有制的经济主体（包括企业法人和自然人）通过资本联合或经营联合而形成的一种新型的所有制形式。混合所有制包括两重含义：一是指整个社会的多种所有制形式和经济成分并存的格局；二是指不同所有制性质的资本在同一企业中的"混合"，即形成混合所有制企业。混合所有制是所有制关系中的一种新的类型。它的出现打破了各种所有制之间自我封闭的界限，突破了单一所有制筹集资金渠道的局限，有效地解决了扩大企业规模和承担经营风险不对称的矛盾，使市场配置生产要素和人力资源制度化，从而能够促进产业结构、企业结构和所有制结构的合理调整。我国现阶段存在的混合所有制企业有股份制企业（股份公司）、股份合作制企业、中外合资经营企业和合作经营企业，以及资本联合和劳动联合相结合形成的企业等，包含公有和私有股权的股份制企业是混合所有制经济中最具代表性、最典型的形式。混合所有制形式本身不具有确定的社会经济属性，从总体上讲，其性质取决于占支配地位的资本的性质，即关键是看控股权掌握在谁手中。国家或集体控股的股份制企业具有明显的公有性，它有利于扩大公有资本的支配范围，增强公有制的主导作用。对于混合所有制企业的性质，理论界有很多种说法。一般认为，它和公有制经济、集体所有制经济、私人所有制经济不同，它不是一种独立的经济成分，而是多种所有制经济成分的混合。就一个行业的企业而言，它是企业财产组织形式，是建立在现代企业制度基础上的企业组织形式。

（二）混合所有制企业的作用

混合所有制经济的出现及与之相伴的混合所有制企业的产生与发展，适应了我国市场化转轨及生产力发展的需要，能够极大地促进我国经济发展和国有企业改革的顺利完成。

首先，混合所有制企业能够适应社会化大生产的需要，加速社会资本的积聚和集中，极大地促进生产力的发展。混合所有制企业通过不同性质的资本之间的联合，增强了资本实力，可以使若干分散的中小资本形成大资本，促进社会资本的集中。集中的大资本通过规模优势，可以加速社会资本的积聚，进一步增强实力。这些实力更加雄厚的大资本可以更进一步联合吸收中小资本，促进社会资本的集中。

其次，混合所有制企业的出现能够扩大公有资本的支配范围，增强公有制的主导作用。这是因为国有企业改造为掌握控股权的股份有限公司或有限责任公司等混合所有制企业，改变的只是企业资本的组织形式，并不能改变混合所有制企业中公有资本的性质。由于企业资本是作为整体运作的，公有资本一旦取得了控股权，也就取得了资本的支配权和运作权，从而扩大了公有资本的支配范围，使企业内部的私人资本、外国资本等非公有资本纳入了为社会主义现代化建设服务的轨道，增强了公有制的主体地位。我国国有大中型企业主要集中在能源、交通、矿产、高科技、金融、外贸等关系国计民生的基础产业、支柱产业和先导产业中。通过资本注入、参股、控股等形式，把国有大中型企业改造成公司制企业，既能实现公有资产的保值增值，又能扩大公有资本的支配范围，保证国有经济有效地控制国民经济命脉，对国民经济发展起主导作用。目前，大量涌现的股份合作制企业，许多是由国有小型企业和乡镇企业转化而来，即将原先的国有小型企业和集体企业转化为由企业职工劳动联合和资本联合的股份合作制企业。这是当前经济发展中群众愿意接受的，有利于灵活地组织经济活动的企业组织形式和资本组织形式。它有利于城乡小型企业在改革中实现经营规模化和投资社会化，从而促进公有制经济的发展壮大。另外，许多国有小企业是亏损的，转为股份合作制之后，财政不再补贴，这使国家甩掉一些亏损的包袱，从而有利于恢复公有经济的生机和活力。中外合资、合作经营企业是我国国有经济或集体经济与外国资本家集团经济或资本家私有经济直接相互而成的经济实体，是一种高级形式的国家资本。采取这种所有制经济形式，有利于引进外国资金、技术和管理经验，有利于社会主义市场经济的发展和经济体制的完善。因此，混合所有制企业能够有效增强公有资本对其他资本的辐射功能，提高国有经济的控制力、影响力和带动力，体现公有制的主体地位。

最后，混合所有制企业能够适应我国市场化改革的需要，转变国有企业的经营机制，促进国有企业改革。我们现在提到的混合所有制企业多是从搞好国有企业角度出发的。而在混合所有制企业中，国有资本通过控股、参股等形式，与其他性质的资本融合，吸引多元化投资主体，有利于优化国有企业的产权结构，推动其在产权多元化的基础上，逐步建立规范的现代企业制度和市场化的运作机制；有利于国有产权的流动、重组，优化资源配置，提高运营效率。我国经济发展的历史实践也证明，指令性的计划经济体制由于缺乏有效的竞争机制和激励机制，容易挫伤劳动者的积极性，导致生产效率低下，从而在实践中给社会主义国家的经济发展带来负面影响。而市场经济作为资源配置的一种手段和方式，能够有效地保证资源从效率低的部门和企业向效率高的部门和企业流动。所以，大量的微观经济活动只有发挥市场的调节作用，才能从根本上提高经营效率，才能使企业努力革新技术、保证产品质量、改善经营管理、降低经营成本、提高劳动生产率、扩大市场占有率，从而增加利润。发展社会主义市场经济必须要有与之相适应的微观经济基础，一种包含多种所有制形式的"混合所有制"。在这种混合所有制中，公有制占据主导地位，包括国有、集体所有、合作所有等多种形式。此外，在混合所有制企业中，多种经济成分并存发展、相互促进、取长补短，可以有效改善国有企业的经营管理，促进国有企业的改革和发展。

三、混合所有制企业的基本形式

混合所有制的类型有很多，从宏观层面看，是非单一所有制的发展，即公有制与非公有制的并存与共同发展。从微观层面看，其基本类型有三类：一是单纯的财产混合所有制，如股份制；二是以共同劳动为基础的混合所有制，如合作制；三是在劳动和财产基础上的混合所有制，如股份合作制。

（一）股份制企业

股份制亦称"股份经济"，是指以入股方式把分散的、属于不同人所有的生产要素集中起来，统一使用，合伙经营，自负盈亏，按股分红的一种经济组织形式。股份制的基本特征是生产要素的所有权与使用权分离，在保持所有权不变的前提下，把分散的使用权转化为集中的使用权。股份制是与商品经济相联系的经济范畴，是商品经济发展到一定程度的产物。它在自身发展过程中经历了几个不同的社会历史阶段，并采取了不同的具体形式。在奴隶社会末期和封建社会初期，随着经济的发展，出现了自由民间或手工业者之间以人、财、物各项要素中的一项或几项为联合内容的合伙经营的经济形式。这种经济形式在合伙内容、经营方式、分配办法等方面都没有明确的规范，更没有形成严格的股份分配制度，这是股份制的一种原始形式。17世纪初期，由于商品经济有了较高程度的发展，资本主义经济萌芽已经出现并有所发展，出现了以股份公司为特点的股份经济。19世纪后半期，商品经济与资本主义生产方式相结合形成了资本主义商品经济，社会生产力已达到相当高的社会化程度，致使单个的私人资本已经容纳不了社会化了的生产力，于是几个乃至几十个私人资本以资本入股或发行和认购股票的形式组成的股份公司便迅速发展起来。以股份公司为主要形式的股份制经济成为资本主义股份经济的典型形态。股份制企业是指两个或两个以上的利益主体，以集股经营的方式自愿结合的一种企业组织形式。它是适应社会化大生产和市场经济发展需要、实现所有权与经营权相对分离、有利于强化企业经营管理职能的一种企业组织形式。股份制企业组织形式以法人产权制度为基础，具有产权明晰、资金自筹、自负盈亏、自主经营、同股同利、风险共担等特点，适合大中型企业，是现代企业制度的基础。在我国现阶段，它必然以公有股为主体，即以国家股、集体股、国有企业法人股为主组成的股份制企业占主导地位。随着国有企业改革和非公有制经济的发展，以公有制经济与非公有制经济联合为基础的股份制企业大量涌现。这些股份制企业构成了我国混合所有制企业的典型形式，是我国混合所有制企业的主体。本书对于混合所有制企业的研究也主要以股份制企业为主。

（二）合作制企业

合作制是指生产要素的所有者在承认和维持财产所有权的基础上，自愿按照一定的原则结合起来，使用共同占有的生产资料，共同劳动的一种经济形式。它的基本组织形式是合作社。合作社首先是一个经济实体，是具有独立民事权利和义务能力的组织。参与合作经济的人虽然必须具备若干财产条件，并保留财产的最终所有权，但其一旦介入，财产就按照最有利于生产要素发挥作用的原则由合作社组合起来，成为合作社的共同财产，个人也就丧失了对原有财产的支配权。合作制是一种财产私有、共同占有、共同使用的特定的联合方式。合作社通常是在自愿与互利的基础上组织起来的，按照"民有、民管、民享"的原则，实行彻底的民主管理。具体来说，合作社内部经营管理等重大问题决定权属于社员大会，并实行"一人一票"制。这是由于参加合作社组织的成员的生产资料和所有者之间已经发生了某种分离，每个所有者本身已成为合作社的一员。由于合作社的大部分收入实行按劳分配原则，合作社生产经营状况与每个成员的利益息息相关，每个劳动者都有权利关心合作社的经营管理和劳动收益的分配等问题。他们不仅拥有同等权利，还对这一实体的经营风险承担相应的义务。这就决定了合作社在做出重大决策时必须实行"一人一票"制的民主管理原则。合作制本身没有固定不变的所有制模式，在多种所有制基础上都可以按照合作方式经营。它可以是国家所有合作经营、个人所有合作经营、资产者所有合作经营，也可以是集体所有合作经营。这些由多种所有制经济成分组建的合作制企业，也是混合所有制企业的一种形式。

（三）股份合作制企业

股份合作制的基本含义是多元投资主体按照协议，自愿以自己的资金、实物、技术、土地使用权、劳动力等各种生产要素作为股份，组织起来从事生产经营活动，接受国家宏观调控，实行民主管理，以按劳分配为主，又有一定的股金分红，留有公共积累，能独立承担民事责任，依法经批准建立起来的经济组织。股份合作制是 20 世纪 80 年代初以来在我国出现的一种新的混合所有制经济形式，是中国农民继家庭联产承包责任制以后的又一伟大创新。它自产生起就以其广泛的适应性和顽强的生命力迅速发展，并成为我国农村和城镇经济发展中的一支强有力的生力军。股份合作制是合作制与股份制的有机结合，具有股份制与合作制的特点，但又没有股份制规范和严格，很适合小型企业。

四、公司治理理论基础

（一）委托代理理论

委托代理理论出现的根本原因是企业所有权和经营权的分离。1932年，Berle 和 Means 在当时的社会背景下提出了这一相关话题，1973年，Stephen A. Ross 正式提出了该理论，认为代理人接受委托后享有对委托人公司的部分决策权力，形成委托代理关系。在现代企业，股东虽然是公司所有者，但并不直接参与企业管理，经营者虽然拥有企业实际经营控制权，但占有的企业股份并不多，利润分红仍归于股东，经营利润是否增长对经营者薪酬的多少影响不大，这就使所有者与经理人的目标很难趋同。委托代理理论基于这一状况认为，企业的管理者（代理人）在企业管理中会出现机会主义倾向。该理论指出，公司治理结构的目标就是维护委托人的利益，帮助委托人解决好代理关系产生的问题，而要解决好代理问题的核心是对代理人建立有效的约束激励机制，促使代理人跟委托人形成趋于一致的目标。该理论主要包括三方面的内容。

1. 代理问题

代理问题是产生公司治理问题的根源。出现代理问题的原因主要是契约双方信息不对称和利益不一致。一方面，虽然委托代理双方已经通过契约约定了各自的权利义务，但是代理人可能凭借自身信息优势提出对自己有利的契约条款，造成委托人逆向选择，使契约难以完备。另一方面，代理人在管理过程中遇到个人目标与公司目标不统一时往往会选择优先实现个人目标，委托人受代理成本限制难以对代理人契约履行情况完全监控，就会引发代理人道德风险行为。

2. 代理成本

代理成本是为避免代理问题发生而付出的约束激励成本，一般来说，包括担保成本、监督成本和剩余损失费用。代理成本产生的原因与代理问题产生的原因一致，委托代理理论研究的重要内容就是如何通过构建公司治理体系降低代理成本，提高治理效益。

3. 代理约束机制

公司治理结构的构建直接影响代理问题的解决，因此委托代理理论提出建立高管选拔、债务约束、股权激励、独立审计等一系列代理约束机制。虽然机制设计并不完善，但是对于抑制代理人机会主义倾向的产生有着很好的效果。

（二）利益相关者理论

利益相关者理论认为，公司治理问题存在的原因是由于企业股东、董事会、管理者以及其他利益相关者存在利益冲突。该理论认为，公司是由利益相关者提供的各种要素资源形成的组织系统，公司经营目标不能仅仅是为了追求股东价值最大化，各利益相关者被充分赋予权利以形成企业内部制衡机制，降低代理成本，有效发挥公司治理约束激励机制，并且推动公司履行社会责任，形成良好的外部环境。利益相关者理论不认同过分强调股东利益的"股东至上主义"，推翻了传统意义上企业所有权仅归属于出资人的观点，重新界定了公司治理主体的范围，改变了原来的股东单边治理的模式，推动了利益相关者共同治理模式的发展。

（三）内部人控制理论

1995年，著名经济学家青木昌彦在研究经济转轨中的混合所有制企业公司治理课题时提出了内部人控制理论，认为消除内部人控制是混合所有制企业公司治理的根本，在市场经济稳定，实行股东至上模式的企业，通过外部市场约束可以有效控制管理层行为，但是在转轨时期，受市场经济环境特殊性限制，"内部人"实际掌握公司控制权。著名学者Pfeffe发现大多企业是经理层挑选董事会成员，董事会一定程度上受到控制，仅仅成为法律意义上的治理形式，当企业规模扩大，公众持股增多时，股东权益会被稀释，经理层控制权进一步加强，形成内部人控制。

内部人控制理论提出者认为，要约束管理层行为应该引入股权期权激励计划。该理论受到国资委的强烈认同，为维护出资人利益，混合所有制企业推出设立外部独立董事、监事会等一系列改革措施。

（四）产权理论

马克思通过探索不同社会经济形态下的产权关系和产权制度的演变，创立了系统完整的产权理论。他认为所有权关系会随着所有制变化而变化，产权制度是否合理由生产力决定。20世纪30年代以后，西方经济学学者分析研究了产权结构与经济行为的关系，逐步形成了现代产权理论。1960年，科斯发表了《社会成本问题》一文，该文成为现代产权理论的代表作，文中提出的观点经过学术界总结归纳形成了"科斯定理"。之后，德姆塞茨（Demsetz）、阿尔钦（Alchian）、诺思（North）和威廉姆森（Williamson）等人对产权理论进行了丰富完善，使现代产权理论逐渐成为缜密完整的系统。

在现代企业制度中，合理的产权制度可以优化资源配置，明晰财产关系。该理论认为，产权不清会增加不必要的交易费用，导致市场缺陷，有效的产权制度应该能够明确产权边界，降低交易费用，产权归属问题并不重要，市场交易双方可以自由转让产权。现代产权理论虽说研究的是西方经济，但是所依据的市场规律和机制对我国混合所有制企业同样具有指导作用。

五、中国混合所有制企业公司治理目标的选择

（一）公司治理目标：两种代表性的观点

关于公司治理目标，理论界有两种具有代表性的观点：第一种观点认为，公司治理的目标是实现股东利益最大化；第二种观点认为，公司治理的目标是实现利益相关者利益最大化。

1.股东利益最大化

股东利益最大化理论认为，公司是权益资本所有者的公司，公司治理的目标是追求股东利益最大化。

持这一观点的学者目前在经济学界处于主导地位，他们分为两派。一派是"金融模式"学派。该学派认为，公司是权益资本所有者的公司，治理的目标是追求股东利益最大化。而且，追求股东利益最大化与追求企业利益最大化是一致的。企业治理的核心在于约束由于信息不对称而带来的经理人的机会主义行为。该理论信奉伯利—米恩斯命题（1932），认为在股权分散的情况下，通过资本市场的股价机制和接管机制可以对经营者进行有效约束。另一派是"市场短视模式"学派。该学派同样认为，经理应该为股东利益最大化服务，但是若过于强调资本市场的控制功能，将带来经理的短视行为，损害企业长期竞争力的培育，从而影响股东的最终利益，因此公司治理的核心应该是通过能充分调动经理积极性的激励制度来实现公司的长期发展目标。可见，这两派关于公司治理目标的看法一致，但对实现这一目标的途径存在分歧。

2.利益相关者利益最大化

利益相关者概念最早于1963年由斯坦福大学的一个研究小组提出，它们把利益相关者定义为一些利益团体，认为没有这些利益团体，组织将不能生存。随后利益相关者研究沿着组织理论、公司的社会责任、系统理论等方向发展。到目前，已有近30种关于利益相关者的定义。1984年，弗里曼在《战略管理：利益相关者方法》中将利益相关者定义为影响公司目标或受公司目标影响的任何利益团体或个人，并提出了利益相关者动态变化的概念，认为企业的利益相关者随时间的变化而改变。布莱尔认为，利益相关者是指为公司贡献了关系专

用性资产（relationship—specific asset）的人或集团。利益相关者关系专用性资产是指价值依赖公司价值的那部分资产，这部分资产一旦改作他用，其价值就会降低。投入公司的这部分资产处于风险状态，为激励专用性资产进入公司，需要给予一定的剩余收益。公司的目标是使财富最大化，而要实现这个目标，公司就必须重视利益相关者的利益。利益相关者利益最大化理论认为，公司的存在并不是单一地为股东提供最大化利益回报，而是必须服务于一个较大的社会目的。该理论的核心观点是公司应该是一个具有"社会责任"的组织。该理论与股东利益最大化理论产生分歧的根源在于，它认为股东利益最大化并不等于企业价值最大化，公司治理的理想目标应该是最大化整个公司财富创造的潜能，而不应仅仅是为股东最大化财富价值。由于企业总财富创造最大化的目标是建立在各利益相关者的专用性资产投资的基础上的，从效率和发展趋势上来说，企业治理制度安排的核心应该是让那些贡献、控制了企业关键性资源和投入了专用性资产的人拥有企业所有权，从而适应今天和未来的企业发展要求。一般认为，德国和日本等国公司治理的理论和实践与利益相关者理论比较接近。

持公司相关者利益最大化观点的学者也可以分为两派。一派是"公司社会责任模式"学派，该学派认为利润最大化仅仅是公司的目标之一，公司还应以维护和提升社会公益为目标。各种企业制度必须使企业的利润目标和公益目标之间维持平衡。前者集中体现了公司对股东的义务，后者体现了公司对非股东利益相关者（即社会公众）的义务，公司社会责任的说法也由此而来。公司社会责任强调公司对社会公众的利益保护，以纠正立法上对股东利益的过度保护，以二元目标代替传统的一元企业目标，以全面价值观取代单一的利润价值观。大多数公司的社会责任理论的倡导者认为，公司社会责任是对公司在利润最大化目标之外所承担义务的概括或表达。另一派是"财富最大化模式"学派，该学派认为，公司治理的目标就是追求利益相关者的财富最大化。这两派都遵循着"利益相关者"逻辑，认为股东利益最大化不等价于企业价值最大化。

（二）混合所有制企业公司治理目标的构建

1. 理论依据

公司治理（又称公司控制）是一套对企业生产要素投入者之间相互影响的行为的控制机制。公司参与者之间构成了多元化的利益关系，公司治理的目的就是要平衡要素投入者之间的利益关系，通过一定的制度安排来促进企业各参与方对各自拥有的资本或要素的有效投入，从而提高企业的生存竞争能力，并创造最大的价值。由此可见，公司治理要解决的核心问题在于如何通过合理的制度来安排公司剩余的创造及其分配。1995 年，布莱尔（Blair）提出，公司治理应以公司所有参与者的实际权利和责任以及承担的风险为起点。当那些监督和控制公司的人获得（至少是部分的）剩余收益并承担（部分）剩余风险，以及那些分享剩余收益并承担剩余风险的人被赋予监督权时，公司可以实现社会财富最大化。他还认为，并不是只有股东承担剩余风险，工人、债权人、供应商、客户等都可能是剩余风险的承担者。布莱尔认为，应以公司所有参与者的实际权利和责任以及承担的风险为起点的观点，抓住了公司治理的要害问题。但他同时认为，债权人、供应商、客户等承担剩余风险，这一点有不妥之处。因为债权人获取的是固定收益，其本息清偿具有强制性，而且可以通过提供抵押、担保减轻或免除风险。

混合所有制企业真正承担剩余风险的是股东、经营者和员工。对作为投资者的股东来说，他们获取的是剩余收益，因而也承担着剩余风险。经营者和员工之所以承担剩余风险，是因为混合所有制企业中的国有股是公有性质的股权。公有性质的国有股的最终所有者是全体国民，从这个意义上讲，企业经营管理者和企业员工也是间接股东。更为重要的是，许多混合所有制企业已实行了利润分享制、员工持股计划等薪酬激励方案，经营者和员工的报酬与企业业绩密切相关。即使完全实行工资制的企业，经营者和员工工资的高低也取决于公司经营状况的好坏，因此经营者和员工承担着部分剩余风险。对混合所有制企业来说，股东、经营者和员工共同承担着企业的剩余风险。

2. 混合所有制企业公司治理的目标

"股东利益最大化"治理目标只强调股东在公司治理中的作用，在股权高度分散或所有者缺位的情况下，经营者道德风险问题严重，投资者的利益极易遭受损失，而且一味地强调股东利益，最终可能会使公司丧失可持续发展能力。但在资本永远属于稀缺资源的社会，忽视资本所有者（即股东）的利益也是不现实和不可能的。"利益相关者利益最大化"治理目标，主张所有利益相关者都参与公司治理，可能会出现"搭便车"行为，导致"都应有所为，但又都不为"的情况。利益相关者的利益虽然取决于公司的发展，但与公司发展的密切程度不同。有些利益相关者既承担企业的剩余风险，又能获得企业剩余收益，而有些利益相关者并不承担企业剩余风险，也不享有企业的剩余收益，因而注重所有利益相关者的利益，强调所有利益相关者都参与公司治理是不合理，也是不现实的。由此可见，"股东利益最大化"治理目标与"利益相关者利益最大化"治理目标都具有一定的片面性，尤其是对混合所有制企业而言，由于其公司治理主体的特殊性，无论是以"股东利益最大化"作为公司治理目标，还是以"利益相关者利益最大化"作为公司治理目标，都不是十分妥当。

鉴于上述原因，笔者认为，应以承担企业剩余风险、享受企业剩余收益的公司治理主体的利益最大化作为公司治理目标，将混合所有制企业公司治理目标定位为通过制定合理的企业制度来协调企业股东、经营者以及员工之间的利益关系，并在此基础上实现三者利益的最大化。

第二节　混合所有制企业治理机制

推进国有企业发展混合所有制，建立健全企业治理机制，是建立现代企业制度的核心内容，更是企业成为自主经营、自负盈亏、自我约束、自我发展的法人实体和市场主体的重要体制机制保障。针对国有企业存在政企不分、政企边界不清、产权结构单一、法人治理机制不健全、董事会职权不实等体制机制的弊端，《国务院关于国有企业发展混合所有制经济的意见》（以下简称《意见》）提出，要建立健全混合所有制企业治理机制，着重推进三个方面的改革创新：一是进一步确立企业市场主体地位，二是健全混合所有制企业法人治理结构，三是推进混合所有制企业职业经理人制度。

一、确立国企市场主体地位

在计划经济体制下，国有企业作为政府机构的附属物，难以成为真正的市场竞争主体。改革开放以来，通过简政放权、经营机制转变、建立现代产权制度等一系列改革，国有企业适应市场的能力发生了很大变化。发展混合所有制，实现体制机制的本质突破，是国有企业实现从被动经营向自主经营转变，真正确立市场主体地位的客观要求。

（一）政府合理引导

深化国有企业改革，发展混合所有制经济，通过引入民营资本、集体资本、境外资本等，实现产权多元化。政府要加强发展战略、规划、政策、标准等的制定和实施，主要依靠经济激励、法律约束、技术标准等方式，营造规范的市场秩序和公平的竞争环境，加强市场活动监管，合理引导市场主体行为。

（二）依法监督国有企业运营

混合所有制企业内，国有、集体、民营、外资等不同性质的出资人或股东，严格按照《公司法》的规定和企业章程行使股东权利、履行股东义务，通过向公司委派董事、监事对企业经营活动进行影响及监督。

作为国有资产出资人，要顺应国有资产管理体制改革的要求，以产权管理为纽带，按法律规定和公司章程治理公司。

国有资本投资公司以产业资本投资为主，着力培育产业竞争力。国有资本运营公司主要开展股权运营，优化国有资本的布局结构，提高质量效益，实现国有资本的保值增值。国有资本投资运营公司与所出资企业更加强调以资本为纽带的投资与被投资的关系，更加突出市场化的改革措施和管理手段。在投资管理、公司治理、职业经理人管理、管控模式、考核分配等方面，都要按照规范化要求、市场化方式运作。

（三）确立董事会核心地位

理顺决策与执行的关系，就是理顺董事会与经理层的关系，这里的关键是确立董事会的核心地位。董事会是决策机关，负责确定企业的发展方针、目标、纲领和投资决策等。执行层负责把决策层制定的方针、政策贯彻到各个职能部门的工作中去，对日常工作进行组织、管理和协调。执行层在决策层的领导下，通过各种技术手段，把企业目标转化为具体行动。

混合所有制企业中要实现所有权、决策权与经营权的分离，并保障决策权与执行权的协调，优化管理方式，使董事会对经理层成员具有充分的管理权限，发挥董事会下设专业委员会的作用，按市场化原则，有权选择和聘用经理层及高级管理成员，有权进行经营业绩的考评，有权制定和实施合理的薪酬制度，并形成合理的激励约束机制。只有确保董事会对经理层及高管成员的管理权，才能使混合所有制企业的市场主体地位得到真正确立。同时，按照权责对等原则，应赋予经理层相应的权利。

二、健全法人治理结构

完善法人治理结构是提高混合所有制企业运行效率的重要制度建设。完善企业法人治理结构，重在推进所有者、经营者、监督者通过公司权力机关（股东会）、决策与执行机关（董事会与经理）、监督机关（监事会）形成权责明确、相互制约、协调运转和科学决策的体系，并依据法律法规和公司章程建立制度化并能有效运行的机制。

《意见》明确指出，混合所有制企业要建立规范的现代企业制度，明晰产权，同股同权，依法保护各类股东产权。规范股东（大）会、董事会、经理层、监事会和党组织的权责关系，按章行权，对资本进行监管，靠市场选人，按规则运行，形成定位清晰、权责对等、运转协调、制衡高效的法人治理结构。

（一）明晰产权，同股同权

推进国有企业改革，发展混合所有制经济，引进国有资本、集体资本、民营资本、境外资本等不同形式的产权主体，必须做到产权归属清晰。混合所有制企业以投资主体多元化为前提，以明晰产权为基础，按照现代产权制度的规范建立委托人代理制度，这是确保混合所有制企业进行科学经营决策的关键，也是构建企业法人治理结构的制度基础。

根据《公司法》和公司法人治理结构规范化、科学化的要求，在混合所有制企业运营过程中，必须注重维护股东（包括中小股东）的利益。以股份制形式存在的混合所有制的特点是产权多元化，以股份形式确定出资者的产权主体地位。同股同权，同类的股份享有一样的权利，按占有资本的多少拥有对应的权利，产权归属落实到出资人，做到产权明晰。同时，股份公司又以分红的形式体现资产收益权，企业盈利，股东按股份分红；企业亏损，出资者以其股份资本为限承担相应责任。

混合所有制企业要发展，就必须加快推进国有企业特别是母公司层面的股份制改革，进一步优化国有企业股权结构。通过多种方式推进具备条件的国有企业改制上市，暂不具备上市条件的国有企业通过引入各类资本（包括民营资本、外资、个人资本等），实现股权多元化。混合所有制企业的财产主体需要明确，其投资主体不再是单纯的政府或政府委托的管理机构，而是企业本身，所投入的资本是企业本身的财产，企业独立自主经营，自负盈亏。不同的国有企业之间互相参股，形成交叉持股，可以在股权多元化的基础上建构以股东会、董事会、监事会为特征的现代公司法人治理结构和现代企业制度。

（二）健全组织，完善机制

混合所有制企业以法人财产为基础，以出资者原始所有权、法人产权和经营权相互分离为特征，并以股东会、董事会、监事会、经理层作为法人治理架构来确定所有者、法人、经营者和职工之间的权利、责任和利益关系。企业法人治理结构，不仅要保护法人所有权的完整无损，还要保证经营控制权的合理、有效运用。

由于董事会在公司治理结构中处于中心位置，增强董事会的功能就成为建立有效的公司治理结构的核心任务。完善法人治理结构要妥善处理由于所有权与经营权分离而产生的信托、代理关系，即股东与董事会之间的关系，以及董事会与经理层之间的关系，包括董事会如何忠于股东并勤勉尽职，董事会如何有效激励和监督经理层，以及如何平衡公司各相关者的利益关系等。股东推选能代表自己利益、值得信赖、有能力的代表，组成公司的最高经营决策机构——董事会。作为最高决策机构，董事会受股东委托承担诚信、受托的责任。董事不同于经理，他们不是为获取工资而受雇用，而是以得到股东和社会信任为责任和荣誉。因此，健全我国的董事会制度是完善混合所有制企业法人治理结构的核心内容。

深化国有企业改革，发展混合所有制经济，在多元产权主体并存的条件下，如何提高董事会治理水平是非常重要且迫切的任务。健全董事会制度，完善运行机制，需要重点加强以下三个方面的建设：第一，确保独立性。董事要能独立而公正地发表意见，而不是附合任何其他人的意见。要发挥好董事会投资、经营、决策的作用，要加强独立董事制度建设。独立董事与公司没有重要关系，不代表特定群体的利益，受内部董事的影响较少，公正性强，可以确保董事会集体决策的科学性，保护各股东的利益。要注重优化董事会结构，增加外部董事、独立董事，降低内部董事比重，以解决"内部人控制"问题。第二，增强专业性。董事会成员的专业性一定要有足够的保障，要优化董事会的规模和结构。董事一定得是"懂事"的人，以利于科学决策。第三，规范责任制度。董事对公司的义务主要表现在两个方面，即董事对公司的忠诚义务和董事勤勉、谨慎并具有熟练技能的义务。以责任为主线，建立责任系体，落实责任、追究责任，建立规范的董事的责任义务制度。

（三）理顺"新老三会"关系，增强运行合力

国有企业在实现了混合所有制之后，应注意理顺"新三会"与"老三会"之间的关系，完善公司治理机制。如何处理"新三会"与"老三会"的关系，是混合所有制企业制度建设的关键。在传统体制下，为了在国有企业确保党的政治领导地位和职工的主人翁地位，企业实行的是"老三会"治理体系。由于符合当时的企业治理需求，这种治理体系一度发挥了重要作用。在混合所有制经济体制下，按照《公司法》的规定，股份制企业通过"新三会"治理体系来行使公司治理职能，其目的是实现对公司的有效治理，达到出资人利益的最大化。"新三会"和"老三会"设置基础和治理目标的不一致，必然会产生协调上的矛盾。深化改革并不是要以"新三会"取代"老三会"，而是要进行系统的规范与调整，从而更好地发挥企业治理结构中各组织的积极作用。要根据国有资本比重确定"老三会"保留与否。对于有必要保留的，应根据市场经济对企业组织形态、领导体制、经营机制的要求，在充分发挥"新三会"效能的基础上，把"新三会"同"老三会"有机结合起来，以"新三会"为治理结构的基本框架，合理规范"老三会"的权能，改进其活动方式，从而形成具有运行合力的法人治理结构。

一是理顺党委会与"新三会"之间的关系。党是政治组织，在企业承担政治责任。党的政治责任是"坚持党要管党，全面从严治党"，就是把党员管好、让党员更具先进性。

党在国有企业中发挥政治核心作用。党组织不是公司的法定机关。在工作方法上，党组织可以参与公司重大问题的讨论与决策，可以通过向董事会、经理层提出意见和建议，充分发挥董事会、监事会、经理层中党员管理人员的作用，以及党员在股东大会中的作用，但不能直接决定和指挥公司的经营管理活动。为了发挥党在公司中的政治核心作用，可根据董事、经理的自身素质和公司的有关法规和章程，采取党委会与董事会、经理层主要领导层"双向进入，交叉任职"的形式。党委会主要负责人或者成员可以通过法定程序进入董事会、监事会，以董事的名义参与公司的决策和经营管理，以监事的名义对公司的决策和执行情况进行监督。党务机关的设置和人员配置要以有利于促进企业发展，有利于加强党的建设和思想政治工作为前提，坚持精干、高效、协调的原则。

二是理顺职代会与"新三会"之间的关系。在传统企业制度中，职代会是工人群众参与企业管理、监督企业领导者的权力机构，是实施企业民主管理的基本形式，相当于"新三会"的股东大会。在现代企业制度中，要充分发挥职工在监督和管理公司中的积极作用。《公司法》对职工参与监督和管理公司作了明文规定，在法律上保障了职工监督管理的权利。职工代表可入选监事会而不能进入董事会。在混合所有制企业中，实行职工持股制度的，可以使职工进入股东大会，参与企业重大经营决策，实现民主管理。职工代表以股东代表（或者股东）的身份参加股东大会，是职工参与企业民主管理的有效途径。

三是理顺工会与"新三会"之间的关系。工会是维护职工权益、保障职工利益、监督企业经营者合法经营的群众组织，是每个公司都必须设立的组织，是员工自愿结合的工人阶级的群众组织，其主要宗旨是维护员工的合法权益。因此，工会不能行使股东大会、董事会、监事会的职权。但董事会、经理层在研究决定有关员工工资、福利、安全生产以及劳动保护、劳动保险等涉及员工切身利益的制度措施时，应当事先听取公司工会和员工的意见，并邀请工会或员工代表列席有关会议。董事会在研究决定生产经营的重大问题、制定重要的规章制度时，应当听取公司工会和员工的意见与建议，这是保护员工合法权益和企业民主管理的需要。如果董事或董事会的行为侵犯了员工的劳动权益，可通过劳动仲裁或诉讼途径寻求法律保护，并追究行为董事的法律责任。

三、推行职业经理人制度

发展混合所有制企业，打破了国有企业经营者及员工国有身份的体制束缚，为市场化选人、用人奠定了制度基础。混合所有制企业推行职业经理人制度，破除了国有企业行政任命制，实行市场化选聘和管理职业经理人，是法人治理运行机制的重大变革，为提升企业治理能力开启了重要的动力源。

《意见》明确指出，按照现代企业制度要求，建立市场导向的选人、用人和激励约束机制，通过市场化方式选聘职业经理人，依法负责企业的经营管理，畅通现有经营管理者与职业经理人身份转换通道。职业经理人实行任期制和契约化管理，按照市场化分配原则决定薪酬，可以采取多种方式探索中长期激励机制。严格职业经理人聘用期管理和绩效考核，加快建立退出机制。

（一）建立市场化职业经理人制度

在混合所有制企业实行职业经理人制度，对于国有企业产权制度改革和现代企业制度建立具有十分重要的意义。一方面，建立职业经理人制度是国有企业改革和发展的需要。中国共产党第十八届中央委员会第三次全体会议通过的《中共中央关于全面深化改革若干重大问题的决定》，对全面深化国资国企改革进行了总体部署，明确指出要推动国有企业完善现代企业制度，国有企业要合理增加市场化选聘的比例，合理确定并严格规范国企管理人员的薪酬水平和职务待遇。另一方面，建立职业经理人制度是建立和完善现代企业制度的题中之义。在混合所有制企业实行职业经理人制度，不仅可以使国有企业通过市场化方式配置职业经理人，还能够为职业经理人创造机遇，提供发展平台，培育职业经理人市场。

职业经理人是经济发展中的一种特殊的人力资源，企业的发展依赖一大批职业化的经营者。我国经济的发展依靠企业，而企业的发展依赖企业家群体和职业经理阶层的崛起。只有真正意义上的职业化经理人和企业家才能带领国有企业成为市场竞争的主体，适应激烈的市场竞争，不断增强企业的活力。职业经理人是人才市场中最具活力与前景的阶层，是企业经营管理中最关键的因素。培育成熟的职业经理人市场，建立符合混合所有制企业发展实际的职业经理人制度是完善企业法人治理结构的重要内容，也是增强企业经营活力的重要措施。

（二）推行职业经理人任期制和契约化管理

赋予董事会市场化选人、用人的权力，是建立职业经理人制度的关键内容。混合所有制企业赋予董事会以市场化方式选择经理层及高管人员的权力，为职业经理人的选择、使用、评价、激励、流动提供了有效的市场化运作机制，为职业经理人提供了施展才能的场所和市场化的发展平台，为形成职业经理阶层提供了制度保障。推行职业经理人制度，应以制度形成外在约束，建立相应的监督控制机制，用市场化的方式招聘企业经营者。职业经理人的专业素养、以往业绩和个人信用等，在开放的市场中都是有公开记录的，从而使企业选人、用人有了较可靠的保障。

契约管理是基于职业经理人任期期限内合同约定的责、权、利而进行管理的一种方式。实行契约管理制度对出资人和经理层都有极强的激励约束作用：一方面，经理层与董事会、董事会与出资人签订合同，在明确权力、享受高回报的同时也有责任和风险，职业经理人要求在一定时间内不受干扰地处理公司事务，绩效评价应公平合理，不能无故终止合同；另一方面，出资人和公司董事会、董事会和经理层签订聘用合同，合同中明确董事和经理层职责、任期目标、所拥有的权力和相应的利益，双方根据合同规定的条款进行绩效评估和奖惩。

推行职业经理人任期制和契约化管理，有利于明确责任、权利、义务，并严格任期管理和目标考核，保持合理的稳定性和必要的流动性。竞争类企业要按有关规定落实董事会选人、用人、考核奖惩、薪酬分配等制度。合理提高市场化选聘比例，在市场化程度较高的企业积极推行职业经理人制度，以更好地发挥企业家作用。董事会市场化选聘经理层，要明确选人、用人标准，规范管理办法和配套政策，完善董事会发现培养、选拔任用、考核评价、激励约束机制。任期制的建立使职业经理人能上能下、能进能出，强化了职业经理人的危机意识和责任意识，有利于职业经理人的科学流动和人才资源的优化配置。

（三）建立职业经理人激励约束机制

在混合所有制企业中，推行职业经理人制度，实行市场化的选人、用人机制，客观上需要市场化的薪酬制度，需要建立有效的激励和约束机制。职业经理人作为市场中的经济人，是追求自身收益最大化的个体，当自身目标与企业目标一致时，企业收益最大化就是自身收益最大化；当自身目标与企业目标不一致的时候，他们可能会为了自身收益的最大化不惜损害企业的利益。为了避免这种情况的出现，在混合所有制企业必须建立完善的职业经理人激励约束机制，实行目标管理，建立岗位竞争、解聘威胁等多种激励机制和有效的信任机制，把他们的收益与企业未来的收益联系起来，使职业经理人与企业的发展目标相一致，进而形成制度化的长期有效的激励机制。

职业经理人薪酬的主要构成一般是"工资＋奖金＋长期激励性报酬"。工资是固定薪酬，与职业经理人的业绩状况无关；奖金是根据当年业绩提取的一部分奖励性薪酬，职业经理人必须达到一定的业绩目标时才能获得；而长期激励性报酬则包括股票或股票期权等，一般要在若干年之后才能兑现。长期激励性报酬在激励时效上具有递延性，可以起到激励经理人为企业长期利益努力的作用。推进混合所有制经济改革，要科学地设计有效的职业经理人绩效评价及激励规则。混合所有制企业的激励机制可以从以下几方面着手完善。

一是重视薪酬结构的合理化，进行合理的风险控制与规避。企业可以通过提高中长期激励薪酬比例的方式，在吸引和留用人才的同时，适当减轻企业当期成本压力，进一步优化薪酬结构。对于职业经理人实行多元化的年薪制，职业经理人薪酬的构成主要是基本年薪、效益年薪和奖励年薪，结合中央规范国有企业高管薪酬的文件规定，积极探索长期激励机制，做好制度设计。

二是对中长期激励所采用的方式，应从简单的以市场化价值结果转而设定明确的、可衡量的内部绩效目标。在高管的绩效评估方面，公司董事会和股东一方面要关注公司盈利水平和股价表现，另一方面还要关注公司利润的真实性、可靠性与公司运营的安全稳定性。因此，公司在评估职业经理人绩效时，应对重要经营活动设置安全边界、风险安全性指标及必要的社会责任指标，以保证评估的真实有效。

三是注重精神激励。在物质激励的基础上，注重职业经理人在成就感、社会认可度等方面的追求，并完善相关配套制度，让其在工作中得到发展和成长。

（四）建立职业经理人退出机制

建立职业经理人退出机制是市场资源有效配置和改进制度环境设计的重要组成部分，只有引入真正的竞争和淘汰机制，才能让企业人才这潭"水"活起来，增添新的生机。有效的约束及退出机制可以提高职业经理人的工作效能，增强企业内生动力。

职业经理人的契约管理是完善职业经理人约束及退出机制的重要路径。实行选聘制，引入竞争、更新和淘汰机制，促使经理人走向职业化、市场化，使他们的价值通过企业经营业绩来体现，让他们的命运与企业命运相联系。企业层面的高管应采用职业经理人制度，实行市场化选聘和退出制度。职业经理人和出资人是双向选择，双方都可以按照自己的意愿选择对方，出资人可以解聘职业经理人，职业经理人也可以自由流动。解聘和流动必须依据契约和法律来进行，要依法建立以合同管理为核心、以岗位管理为基础的市场化用工机制，逐步建立反映劳动力市场供求关系和企业经济效益的市场化薪酬决定及增长机制。

第三节　完善我国混合所有制企业公司治理的途径及保障措施

一、完善我国混合所有制企业公司治理的途径

由于我国资本市场、代理人市场及劳动力市场的发展均相对滞后，国有企业在很大程度上仍然依赖政府与银行的支持，民营企业也面临着家族化治理、不平等竞争等问题。

对于混合所有制企业而言，在现阶段采用内部治理为主、外部治理为辅、内外结合的治理模式是比较切合实际的选择。

（一）加强董事会建设

在混合所有制企业中，要进一步加强在股东和公司经理层之间起纽带作用的董事会的职能。董事会作为公司治理的核心，负责制定战略规划、经营目标和重大投融资决策，应建立全面风险管理体系，选聘考核经理层，通过其职权的行使，切实起到"把方向、议大事、防风险、管团队"的作用。以中央企业发展混合所有制经济为例，在其公司治理中要妥善处理好董事会与国务院国资委、监事会、职代会、党委会及经理层的关系，如图 6-3 所示。

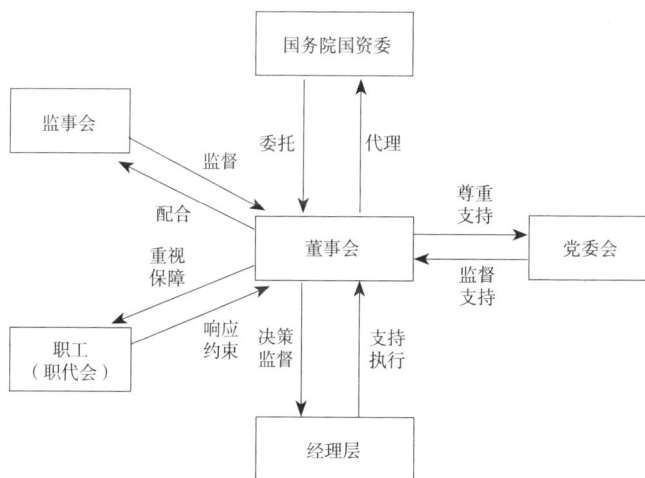

图 6-3　不同主体在中央企业治理结构中的地位和作用

严格意义上讲，董事会下设的专门委员会并不是公司必需的治理机构，它是根据各国的《公司法》及公司的实际情况，尤其是公司的规模而设立的。一般而言，英、美等国的大型企业大都设有专门的委员会，很多德国公司在其监委会下也设有若干专门委员会，而日本的公司大部分没有这种专门的委员会。目前，我国绝大部分公司还没有建立分工明确的专门委员会。在有些大型企业集团中，董事会下设投融资委员会、审计委员会等机构，开展投融资咨询、财务审计等活动，这对于促进投资决策的科学化、提高企业财务状况的透明度和控制力度发挥了一定的作用。其缺陷是虽然这些委员会由一些专家学者组成，但这些专家学者只能提供一般性意见。因此，发挥好这些专门委员会的作用，也是完善我国混合所有制企业的公司治理机制的一个重要课题之一。

外部董事对于公司治理的作用不可小觑。根据李维安、徐健（2014）的研究，董事会独立性负向调节了总经理继任与战略变化幅度的关系，能够有效抑制因新任总经理冒进而带来的公司绩效降低的行为，从而表明战略控制视角下独立董事的监督作用能够有效发挥。因此，要想进一步发挥外部董事专业特长和管理方面的经验，强化其独立监督和制衡的"鲶鱼效应"，一些专门委员会应由外部董事担任负责人，避免外部董事成为"签字董事"。

（二）理顺内部治理机制

在混合所有制企业公司治理机制层面，有必要建立强制性的小股东累计投票权制度，使混合所有制企业中的小股东有充分的利益诉求和顺畅可靠的表达渠道。如果只是让众多小股东参股而没有任何话语权，那么就失去了混合所有制本来的意义。当然，对于关系国家安全和国民经济命脉的少数行业，在实行混合所有制经济的公司中，不占控股地位的国有股权也可实行具有否决权的"金股"制度，以维护国家和全社会的公共利益。"金股"的实质是政府特权，可通过立法、公司章程和股权出售协议三种方式实行。作为一种政府持有的对特定事项行使否决权的股份，政府可以监测和否定企业损害或者不利于国家整体利益和战略的发展方向，防止"一股独大"、恶意收购和接管，特别防止外资收购本国重要战略行业的企业，确保企业现有目标不发生重大改变，防止企业战略资源或核心资产被出售，确保投资者遵守股权收购协议的其他承诺。

（三）建立健全管理层激励制度

有效的薪酬制度安排，可让经理层的收入与企业长远发展问题密切结合起来。从国际经验看，报酬结构可以采取四种形式：基薪、绩效奖金、股票期权和长期激励计划等。研究表明，报酬的高低决定了经理人员在何处工作，而报酬结构决定了其如何工作，也就在一定程度上影响到了公司的经营业绩。有效的薪酬制度应当使经理人员有足够的动力以最低的成本实现股东价值的最大化。

借鉴西方国家企业在激励机制设计方面的好的做法，在对混合所有制企业经营管理者实行年薪制的基础上，应着重研究期股、期权奖励等办法；同时，对他们的激励不能只局限于物质利益或者个人收入，还要充分承认其社会地位，满足他们实现自我价值的需求，为他们创造良好的工作环境和条件，从社会荣誉和福利水平等各个方面激发他们经营好企业的使命感和成就感。对于经营业绩比较突出、个人素质比较好的经营管理者，可以辅之以加大补充养老保险金的额度、在社会地位和荣誉方面创造条件等精神激励手段，激发其锐意进取、争优创先的内在动力。

（四）完善内部监督与约束机制

为形成有效的监督约束机制，应强化混合所有制企业的监事会职能。监事必须具备一定的企业管理、法律、财务会计等知识，制定针对与公司高级管理人员关系亲近者的"回避"制度；对于监事的解聘和任期，应明确规定，除非监事任期届满又未能获得连任、监事自行辞职、法院裁判解除、股东会决定解聘外，监事不得随便被解任；授予监事对于公司经营管理者严重损害公司利益的行为直接向法院起诉或召集临时股东大会的权利。

（五）完善外部治理机制

良好的外部治理机制是决定企业运作和发展质量的重要因素。要完善我国混合所有制企业的公司治理机制，必须从根本入手，多管齐下，有效地完善企业内外部治理机制。

第一，发展公司控制权市场。在推进国有资产管理体制改革的同时，进一步推动民间资本和外资通过并购进入国有企业，并且实质性地改善相关收购兼并的法律环境。第二，推动职业经理人市场建设。建立完全市场化的经理人资源配置机制，以市场为基础，以经理人的企业家才能和综合素质为评价依据，在操作上完全由公司董事会根据透明、合理的程序和公司的内在需求独立地选聘公司经理人。第三，进一步发挥机构投资者在公司治理中的积极作用。逐步消除不利于机构投资者发挥作用的各种制度缺陷，建立有利于机构投资者参与改善公司治理的制度环境。第四，健全债权人治理机制。完整合理地确立债权人在公司治理中的直接参与权、参与程度和各种有效的参与形式，建立完善的偿债保障机制和债权人法律救济机制，明确公司控股股东和其他内部人的偿债责任，加快对作为最大债权人的银行部门的改革，完善银行自身的运作机制和治理结构。第五，进一步发挥中介机构和自律组织的作用。大力改善中介机构执业和自律组织运作的外部制度环境；在中介服务行业中制定严格的、可实施的执业标准；在中介机构内部建立良好的内控机制。第六，加大新闻媒体和社会舆论的监督力度，完善信息披露制度环境与实施机制。

二、完善我国混合所有制企业公司治理的保障措施

现阶段，我国公司治理结构的完善和治理机制的强化，都需要一些配套措施作为保证，如产权制度改革、国有资产管理体制的完善、新型政企关系的塑造等。

（一）加快产权制度改革步伐

产权制度改革是经济体制改革的根本问题，也是完善我国混合所有制企业公司治理机制的核心问题。它不仅是改变目前我国企业不合理的所有制结构、完善公司治理机制、增强企业活力的有效措施，还是国有经济战略性改组的重要组成部分。为了尽快改变国有股"一股独大"的状况，就必须通过深化产权制度改革，鼓励更多的法人资本、境外资本和民间资本投向国有企业，降低企业中国有资本的持股比例，促进公司产权主体多元化，进一步明晰产权关系，使混合所有制企业成为真正的自主经营、自负盈亏的市场竞争主体。要积极推进竞争性行业国有企业股权多元化，引入多元股东（包括非公有制经济股东、外资股东），形成有多元股东的制衡关系和规范的公司治理结构；需要国家控股或参股的企业应进一步深化改革，继续朝着产权多元化和产权主体人格化的方向发展，不能股权不平等、流动受限制，也不能使产权主体缺位或错位；依法保护各类产权，使非公有制经济和公有制经济享受同等的法律地位，非公经济财产权和公有制经济财产权同样神圣不可侵犯。

（二）重构国有资产管理体制

实质性地推进国有资产管理体制改革是完善混合所有制企业公司治理的必要条件之一。在进一步完善国有资产管理体制的同时，国资监管机构必须"到位"而不"越位"，确保企业的经营目标单一化、商业化，重视资本回报。

改变国有资产监督管理机构"婆婆＋老板"式的从保值增值角度管理国资的做法，明确其过渡性质。过渡期保留部分行政管理职能，构建和完善国有资本变现预算与国有资本经营预算相结合的国有资本预算体系，使国资委从国企的代言人和利益共同体向全社会和国家利益的代言人转变，由主要从国有企业角度转向从全民、全社会的角度考虑国有企业和国有资产问题。同时，国有企业内部要进一步健全激励约束机制，保障其受托的国有企业资产保值增值，约束企业高管肆意挥霍国有资产和通过高薪酬、职务消费侵占国企利润的行为，确保企业股东能充分享受到包括社保基金在内的企业发展的成果。

　　大多数国有企业成为混合所有制公司后，国资委作为国有资产监管机构，要由"管资产向管资本转变"，并进一步简政放权，以监管模式的转变提升国有资本的市场活力。建议实施"权力清单"管理模式，研究包括监管清单、报告清单和问责清单在内的权力清单管理机制模式，让政府和监管机构在不该伸手的时候绝不伸手，有效消除政府干预企业经营决策的行为，最大幅度地减少涉及企业的行政审批事项，让混合所有制企业真正成为内主经营、内负盈亏、自担风险、自我约束的市场经济主体。彻底取消企业的行政级别，使混合所有制企业去行政化、去部门利益化，切断企业和主管部门之间的利益输送链条。

（三）构建新型政企关系

　　实现政企分开是建立现代企业制度的基本要求，也是完善混合所有制企业公司治理机制的重要前提。经过多年来的改革，政企关系已得到了一定调整，未来应围绕建立完善的社会主义市场经济体制的要求，继续深化政府机构改革，转变政府职能，构建新型的政企关系。政府不得干预企业的经营行为，让企业真正成为自主经营、自负盈亏的法人实体和市场主体，推动公司治理真正走向规范化。要使政府注重对经济运行的宏观调控和对公平的市场竞争环境维护，以服务于经济建设、服务于企业为主，建设"服务型"政府。

　　目前，国有控股的混合所有制企业选人、用人方式和渠道仍然比较单一，对各层级的经营管理者以行政任命或组织聘任为主，制度化、体系化的市场配置机制还没有形成，市场在人才资源配置中的决定性作用尚未充分发挥。因此，必须深化改革，加速将政府部门和党组织对经理人员的任命制改为董事会对经理人员的选聘制，发挥市场对经理人员配置的决定性作用。要建立科学的激励与约束机制，使经理人员的报酬与经营业绩挂钩，使其行为更加规范。加快企业高管层选聘的市场化步伐，使那些真正具有企业家才能的人脱颖而出。借鉴国外企业的先进经验，在选拔国有企业高管层人选时，不仅要考察其业务能力，还要注重考察其沟通能力、团队精神以及诚信度等方面的能力和综合素质；同时，选人也不应局限在企业内部，应通过职业经理人市场、猎头公司等多种渠道选拔各方面能力和综合素质俱佳的可靠人选。

（四）借鉴国际经验，构建完整的业绩评价体系

　　应坚持定性与定量考核相结合，积极探索建立科学的考核评价体系。在考核内容上，既要考核经理层和高管人员的工作业绩，又要考核其在工作作风和廉洁自律等方面的表现，着重考核企业经济效益和国有资产保值增值情况。在考核办法上要建立一套科学的企业经理层考核评价体系，制定一整套反映企业财务效益、资产营运、偿债能力、发展能力、社会贡献率，以及管理者的基本

素质、管理水平、经营发展战略、发展创新能力等内容的综合考核评价指标。

从发达的市场经济国家的做法来看，对企业经营管理者的监督约束也是一个国际惯例。我国也应建立和强化以维护出资人主体利益、承担市场风险、遵守企业运行规则和程序为主要内容的约束机制。除了发挥法人治理结构的制衡作用、高管相互监督和职工民主监督的作用外，重点要加强产权约束、竞争约束（如建立和完善职业经理人市场）和制度约束。对经营中出现的市场风险，要按照法律和契约的规定承担；要加大法律和财务及审计监督的力度，依法追究经营管理者因违法违规经营而造成企业资产流失的责任，且不得继续担任领导职务。

（五）完善培训机制，提升经营管理者综合素质和经营管理能力

为提高公司治理水平，很多跨国公司都把对企业经营管理者进行培训视为提高其能力和综合素质的最有效手段。借鉴其有益经验，我国的混合所有制企业应围绕实现企业经营者职业化、社会化、市场化和国际化的改革趋向，进一步加强企业经营管理人员的培训工作。要以建立职业经理人制度为目标，逐步建立和完善企业领导人员的培训制度，制定科学合理的企业领导人员教育培训规划。

要与时俱进，及时改进培训内容和方法，合理设计培训课程，提高培训质量。同时，重视企业领导人员的在岗培训，通过轮岗等方式培养复合型的经营管理人才。

第七章　国有资产管理体制研究

第一节　国资改革引领国企改革的内在逻辑

一、国有资产改革监管的理论突破——"以资本为主"概念的提出

党的十八届三中全会召开后，国资监管体制面临巨大的冲击，中国决策层、企业界乃至整个社会都很关注国资监管体制的改革走向。

党的十八届三中全会关于国资监管与改革的力度前所未有。《中共中央关于全面深化改革若干重大问题的决定》前面是概括的 4 条，后面的第 5 ～ 8 条是国企改革与国资监管内容，地位极为重要。

《中共中央关于全面深化改革若干重大问题的决定》重在制度建设，尤其重视国资监管制度的建设。对于此项决定文件可以有几层理解：第一，制度内涵是全面的，是整个国资的制度体系，是全面的改革；第二，制度是平等的、民主的，包括公有制与非公有制；第三，制度是具体的、成熟的，国资监管与国企改革要形成相对稳定的制度体制；第四，制度基础是扎实的；第五，制度实现方式是明确的，是混合经济；第六，制度建设的方向是市场化的，而不再是行政化的政府管理；第七，制度是系统的。

2003 年，十六届三中全会确定了国企体制改革的方向和目标，往后的十年是国有企业快速发展的十年。建立社会主义国有资产监管制度是一个重大创新。但是，我国政企没有完全分开，所有权和经营权还没有完全分离。我国国有资产监管制度建立过程中的主要障碍有国有资本体量庞大，中端和低端产业较多，活力不足。

（一）国资监管国企改革的发展新趋势及变化

1. 国资监管国企改革的发展新趋势

改革的本质是制度变革，中国国企改革的历史就是制度变迁的历史。这些制度变化往往被每日发生的相互矛盾的新闻掩盖，看不见、摸不着，不容易理解。所以，我们现在需要一个简单、客观、系统的框架去理解国资监管国企改革的本质。《中共中央关于全面深化改革若干重大问题的决定》提出一系列国有企业在分类分层改革与监管方面的新论述，使国资委由管企业转向管资本，这意味着国有企业或将进入分类分层改革与监管的新时期。我们可以从以下七个方面理解发展趋势。

（1）新阶段

国有资产监管从管国有企业为主向管国有资本为主转变。

（2）新模式

国有资产的监管，将逐渐由管具体的资产、具体的企业为主，转变为管国有资本的总量、分布（结构）、效益为主。

（3）新架构

改革国有资本授权经营体制，组建若干国有资本运营公司，支持有条件的国有企业改组为国有资本投资公司，形成三级框架。

（4）新局面

国有资本改革的布局调整，一是有利于减少政府对企业的直接行政干预，实现政企分开；二是有利于各种所有制相互融合，有利于发展混合所有制经济；三是有利于国有资本的布局调整，使国有资本能够更方便、更灵活地调整到国家所需要的重点领域；四是有利于使国有资本更好地为全民谋福利。

（5）新途径

混合所有制是基本的途径，非公有制经济进入基础设施、公用事业等领域，拓展发展空间，各种所有制资本取长补短、相互促进、共同发展。

（6）新趋势

国民共进成为新的潮流，国企"整合"的目标是"升级"，国企"整合"的结果是在一般竞争领域"退出"，民资控股国企现象将日渐增多。

（7）新措施

在目前的国资国企改革工作中，应当重视以下几点：①设计蓝图，以七年为里程，可以设为三个阶段；②认清机遇，"大国资""新国资"已开始；③抓住核心，产权保护；④选准方向，进行混合所有制改革；⑤打好基础，分类管理；⑥建立框架，三层管理；⑦突破重点，投资经营公司；⑧找好支点，国资委转型；⑨定准战略，结构调整；⑩把握变局，国民共进。

2.党的十八届三中全会对国资委监管带来的新变化

《中共中央关于全面深化改革若干重大问题的决定》提出了国资委由管企业转向管资本的思路，这种改革为国资委监管带来的变化如下。

（1）三个层次

如果国资委作为国家出资人管资产，经营则由若干投资经营公司管，过去的国资两层结构会被打破，今后将形成国资委、国有投资经营公司、企业三个层次。央企可以分成若干板块，中石油、中石化、中航、电信、烟草、铁道、电网等大型央企的集团公司今后可逐渐退出实体经营，转变为代表国家管理国有资本的国有大型控股公司，专门从事旗下上市公司的资本运营。央企集团改组为进行资本运营的控股公司后，在更广阔的层面上，同业的央企集团将合并为一个国资运营公司，重塑有效的行业结构。

国有资本运营公司具有显著的投资银行特征，主要进行企业重组、兼并与收购、公司证券发行等业务。未来国有资本运营公司、投资公司也将主要开展这些业务，以促进产业资本和金融资本的融合，实现优势互补，促进企业国际化。例如，淡马锡模式，新加坡财政部拥有100%的股权，但不干预公司在运营或商业上的种种决定；淡马锡控股公司经理人的选择，与政府完全脱钩，还拥有完善的经理人市场，所需要的投资与管理团队可以在国际范围内搜寻。这是中国可以借鉴的国企国资改革模式。

（2）三种类型

在管理方面，中国的国企体量庞大，中石油、中国电信这些企业，既有政策性业务，又有经营性业务，很难管理。它们在执行国家政策的电网、采油等业务时，如果亏损，国家就来补贴，但经营性业务也在同一个企业内，往往会造成"交叉补贴"，引起非议。

我国国有企业改革现在只停留在对国有经济的功能定位的整体认识阶段，还没有细化到对每家企业的使命进行界定，进而无法推进国有经济战略性重组的具体操作。应突破将国有企业视为"铁板一块"的认知观念，根据企业使命、定位和目标的不同，确定差异化的国有企业治理思路，据此改革现行的国有资产管理体制。我们认为，新时期国有企业改革的基本思路应该是"精细化分类改革"。国企改革按功能分类应该分为公益性企业、保障性企业和营利性企业三类。

公益性企业是指提供重要的公共产品和服务的行业的企业，包括教育、医疗卫生、公共设施服务业、社会福利保障业、基础技术服务业等。这类国有企业不以营利为目的，主要承担公益目标。保障性企业具有自然垄断特征，主要是指涉及国家经济安全的行业、支柱产业和高新技术产业的企业。目前，保障性企业共 32 家，包括三大板块：一是国防军工板块，包括十大军工企业和中国商飞公司，共 11 家；二是能源板块，包括三大石油公司、国家核电、中广核集团和六大电力公司，共 11 家；三是其他功能板块，包括中盐、华孚、三大电信公司以及中远、中国海运和三大航空公司，共 10 家。营利性企业，处于竞争性行业，在央企中有 78 家，如电信、汽车、电子、钢铁、医药、金融、建筑等。其生存和发展完全取决于市场竞争。这类企业以追求利润最大化为其首要目标，没有任何强制性社会公共目标。在改革中受到的冲击最大的就是这 78 家企业。

由于国有企业的复杂性，上述分类可以是动态的，随着环境和情况的变化而调整。

在分类管理的基础上进行分别监管。对于公益性企业，可以采用国有独资公司的形式，对管理层考核的核心要求是能很好地实现公共政策性目标；对于保障性企业，可以采用国有控股的公司制的形式，对管理层的考核要以经济目标为主，满足国有资产保值增值的要求；对于营利性企业，主要依靠对派出董事的管理，其收益主要是股权收益。原则上不新设这类企业，从长期看国有股可以从这类企业逐步退出。

要把国企业务界定清楚，就涉及对包含多重业务的大型国企的拆分。这可以从能源、资源、基础设施等行业做起。石油、铁路、电网等领域的国企应该聚焦主营业务，如油气采集业务可以垄断；管道业务和终端的加油站可以放开；铁路的投资、建设、运营可以拆分；电网的输电和配电应该分开。

实行分类管理，对不同性质的垄断行业也要采取不同的改革办法，行政性垄断必须坚决打破，自然垄断行业要实行以"政企分开、政资分开、特许经营、政府监管"为主要内容的改革。对国有企业目前在竞争领域的经营情况要具体分析，"对症下药"，制定逐步退出的时间表。不能因为目前部分国有企业在竞争性领域还有利润就高枕无忧。

（3）三个转型

资委监管在管资产、管人、管事情上都要发生转变。第一个是国资委由管全部资产向管投资资产的转变。第二个是由管企业领导层向管董事会的代表转变。第三个是由管国资委项目审批向经营公司授权转变。

这样一来，国资委的一部分责任就转移到投资运营公司，权力下放，责任下放，压力也下放，投资运营公司这一层将变得非常重要。下一步的国企改革，将对三个层次提出不同的转型要求。从"工头"转向"老板"，从"管理"转向"监督","工头"和"管理"的职能交给国有资本运营公司或投资公司。国资委则主要负责制度的建立、规则的制定和对国有资本运营公司或投资公司的监管与考核，以及效益的评价与分析，代表政府提出相关要求。

（二）完善国资监管制度必须面对的重大问题

我国的国企改革与监管进入新的阶段。从制度建设层面考虑，有以下几个重要问题应当引起我们的重视。

1. 把握市场化不是私有化的界限

目前，国企改革的核心就是要找到国有大企业与市场经济融合的方式。改革方向是坚持走向市场，而非私有化。目前，国有企业发展应按照市场规律来发展。市场化包括市场准入的自由化、国有企业股权多元化和管理人员的去行政化。公有经济在竞争领域有序退出，为的是向关键领域集中，进一步增强控制力；民营经济更充分地进入竞争领域，不是私有化过程，要防止公有经济极少数人借机瓜分国有企业财产的图谋。

2. 正确认识混合所有制的两种表述

《中共中央关于全面深化改革若干重大问题的决定》指出，混合所有制包含两层意思，一是以国有资本投向重点为主，以国有资本撬动民资，统筹运作好国有资源、资产、资本和资金，稳速加快国有资本的扩张和裂变。用1%带动99%，使各种所有制相互促进、共同发展，混合所有制可以有效放大国有资本的带动力，发挥影响力。二是当前在钢铁、有色、船舶制造、水泥等行业的国企出现严重产能过剩现象，这是一些国企重组或上市的好时机，是民资参与的机会。现在正是想上市但产能过剩、业绩不好的国企"做功课"的时候，可以先把股权多元化，吸收民资，把该剥离的剥离了。以钢铁为例，未来在城镇化和中西部地区发展等过程中，建设住宅和基础设施需要大量钢材。有战略眼光的民资现在选择和国企一起"过冬"，将来则有望迎来春天。

3. 推进改革与保护改革的关系

《中共中央关于全面深化改革若干重大问题的决定》第五条是完善产权保护制度，第六条才是混合所有制，产权保护制度之所以放在混合所有制前面，是因为产权保护制度是产权改革的核心问题，也是国有企业改革的前提。明确产权能规避三个潜在风险：第一是国有资本失去控制力，在重要的、关键的领域，国家应该掌握绝对控制力；第二是社会资本受歧视，民营和社会资本体量相对较小，因此要确保其产权发挥作用；第三是国有资本可能会流失到管理者手中，要采取措施坚决杜绝这种现象。

4. 以管资本为主并兼管资本运营过程

国资委管资本主要有两层意思。一是管资本保值增值目标，同时管资本经营过程。资本是一种价值形态，具有三层含义，包括增值能力、增值过程与增值效果，管资本必然管经营的决策运行检查与最终绩效评价。二是仍然管企业。

5. 结构重组与优化国资布局相结合

建立公开透明的国资流动平台，推动兼并重组，要优化三个布局：从产业布局来说，根据各地区的不同特点和发展阶段，重点扶持和发展符合当地定位、具有比较优势的传统产业及战略性新兴产业；从区域布局来说，根据各地区的发展规划，推动当地国企向重点区域或功能区域集聚；从市场布局来说，支持有条件的企业"走出去"开展境外投资和跨国经营，逐步形成全国、全球布局的企业集团或资本管理公司。

6. 体制制度与机制制度的统一

国企改革再出发是制度创新为主的改革，十年国资监管制度是新制度的基础，不是要改变这些制度，而是要完善它。新体制框架形成的过程首先是制度创新的过程，新管理体制要把机制建立好才能运行，所以我们需要建立相对稳定及制度化的机制来解决产权纠纷，从而不断厘清产权，不断降低改革的交易成本。

7. 利益效果与制度效果兼容

要跳出简单的国有企业利益化的狭隘思路。国有企业改革的主要目标绝不是通过国有企业私有化、民营化最终消灭国有企业，也不是仅仅围绕国有资产保值增值建立激励机制，以追求国有资产自身规模的壮大，而是如何建立有效的制度基础保证国有经济追求"国家使命导向"的发展。要鼓励从建设国资监管制度入手，采用更长期、客观、中性的价值标准，克服改革的短期、长期博弈，从制度、系统等多维度建立新的秩序。

我们注意到，党的十八届三中全会特别提出国家制度建设和体制改革的总目标，即"构建系统完备、科学规范、运行有效的制度体系，使各方面制度更加成熟更加定型"。这也是对国资监管的制度建设提出的要求。

从整体上看，党的十八届三中全会意在推动社会主义国有资产监管制度的全面创新，形成以改革为动力，以政企分开、政资分开为核心，以激活民资存量为手段，以混合所有制为实现途径，以市场化为方向的大的改革格局。这是一个牵动全局的改革设计，与之对应的是一个逻辑关系严密的制度体系。

与党的十四届三中全会、党的十六届三中全会相比，党的十八届三中全会提出的建立国有企业监管体制是一个更加成熟的、符合现代市场经济要求的国资监管体制与制度。今后企业的改革思路已经通过《中共中央关于全面深化改革若干重大问题的决定》很清晰地展现在我们面前了。完善国企监管制度作为完善国家基本经济制度的重要组成部分，已被历史性地提出来了。所以，《中共中央关于全面深化改革若干重大问题的决定》是个重要的文献，对于中国特色社会主义国企改革与国资监管制度的创新，具有里程碑意义。

二、国有资本投资运营公司建设进程与作用

国务院印发《关于改革和完善国有资产管理体制的若干意见》，就改组组建国有资本投资运营公司等做出"顶层设计"。

作为国企改革重头戏之一，国有投资运营公司的筹建工作正趋于明朗，国家将加快改组组建一批国有资本投资运营公司，履行出资人职责，并作为国有资本运营的专业平台，从而更好地加强国有资产监管，完善国资管理体制，进一步推进国企整体改革。

新组建或改建的国有资本投资运营公司，将成为政府和市场之间的"隔离带"。今后，国有资产监管机构的指令主要通过国有资本投资运营公司及规范的法人治理结构，以"市场化"的方式往下层层传导，规避政府对市场的直接干预，真正实现政企分开。这种方式可以避免在出资人和企业之间叠床架屋和拉长委托代理人链条。不过现阶段推行上述管理架构仍存在困难，因此将先开展试点，直到形成可复制、可推广的经验。

《关于改革和完善国有资产管理体制的若干意见》对于筹建国资运营平台给出了明确路径，主要通过划拨现有商业类国有企业的国有股权和国有资本经营预算注资组建；或者选择具备一定条件的国有独资企业集团改组设立。同时，国有资产监管机构依法对国有资本投资运营公司履行出资人职责，按照"一企一策"原则，明确对国有资本投资运营公司授权的内容、范围和方式，依法落实国有资本投资运营公司董事会职权。而国有资本投资运营公司则对授权范围内的国有资本履行出资人职责，作为国有资本市场化运作的专业平台，依法自主开展国有资本运作。

2016年下半年以来，国有资本投资运营公司的动作引人注目，沿着两条路径加速推进：一是以国新、国投、诚通三家公司为平台，在国资委的指导下相继成立国有资本风险投资基金、国源煤炭资产管理有限公司、国有企业结构调整基金，通过市场化方式进行资本运作；二是以宝钢、五矿、中粮等为代表的大型央企通过结构调整重组，进一步改组为国资投资公司。

（一）国新、国投、诚通三家公司的市场化资本运作

2016年5月，诚通和国新、中煤、神华集团共同出资组建国源煤炭资产管理有限公司，作为中央企业煤炭资产管理平台，其目标是推动中央企业化解煤炭过剩产能和实现煤炭产业脱困发展。

三笔基金，三个公司，一个目的，即运用资本市场和金融工具，推进去产能和实体经济的发展。国投、国新、诚通公司都是国有资本运营公司的试点，使国有资本投资公司与国有资本运营公司的界限开始变得明朗。

国资委赋予国新等几家公司的使命是做重组、重整的平台，其定位是投资运营公司，同时肩负国资布局结构战略调整的重任。他们将在此基础上承接、盘活并利用各类国有资产，通过资产经营和资本运作，推进商业类企业进行改制上市，加快资产证券化进程。

2016年9月26日，总规模3500亿元的中国国有企业结构调整基金正式成立。作为"国有资本运营公司"的试点，中国诚通牵头发起这一基金，中国邮政储蓄银行等9家大型国企成为首批股东，基金80%的投资都将用于国有重点骨干企业的结构调整上，包括央企的兼并重组、过剩产能退出通道机制建设、推动国企转型升级和国际化发展等。

2016年8月18日，国内最大的国有风险投资基金——中国国有资本风险投资基金正式成立。中国国有资本风险投资基金总规模按2000亿元人民币设计，首期规模1000亿元。其中，中国国新出资340亿元，作为主发起人和控股股东，中国邮政储蓄银行、中国建设银行、深圳投资控股有限公司分别出资300亿元、200亿元和160亿元，四家公司占股分别为34%、30%、20%和16%。

（二）国有资本投资运营公司试点工作

2014年国资委在中粮集团和国投公司进行了国有资本投资运营公司试点工作；2016年，新增神华集团、宝钢、武钢、五矿、招商局集团、中交集团和保利集团7家中央企业开展国有资本投资公司试点，选择诚通集团、中国国新开展国有资本运营公司试点。改组组建两类公司的目的是探索有效的运营模式，通过开展投资融资、产业培育、资本整合，推动产业集聚和转型升级，优化国有资本布局结构；通过股权运作、价值管理、有序进退，促进国有资本合理流动，实现保值增值。国投、国新、诚通公司是国有资本运营公司的试点。宝钢、武钢、五矿、招商局集团的主要方向是重组合并，日后将发展为国有资本投资运营公司。

显然，投资运营公司还肩负着国资布局结构战略调整的重任。他们将在此

基础上承接并盘活、利用各类国有资产，通过资产经营和资本运作，推进商业类企业进行改制上市，加快资产证券化进程，同时推进国有资产重组和国企混合所有制改革进程。

用基金平台的方式多方筹集资金，有利于解决国企改革、供给侧改革过程中资金来源的问题。中国国有企业结构调整基金股份有限公司将接受国资委的指导。国务院国资委成立基金协调领导小组，指导基金开展工作，督促落实国家战略。基金采取股份有限公司的法律形式，设股东大会、董事会和监事会，审议和决定基金的重大事项，并对基金的经营进行监督。基金委托诚通基金管理有限公司作为管理人，执行基金管理事务，管理人承担寻求、分析、判断投资及投资退出机会，并开展投资尽职调查、设计投资架构、执行投资谈判、执行投后管理等工作。基金将采取股权投资、参投子基金和债权投资三种投资方式，这是国有资产市场化运作的尝试。健全国有资产监督机制、优化国有经济布局结构，是提高国有资本配置效率、真正实现国企改革的关键所在。

从管资产到管资本，国资监管体制实质性改革破局。国有资产管理架构由两级变为国资监管机构、国有资本投资运营公司和经营性国企三级，逐步真正实现政企分开，将政府和企业剥离开来，以产权管理为纽带，突出国有资本运作，最终实现国资委从"管资产"向"管资本"转变。国资委等政府部门的一些权力将会随之下放。

国企改革已进入落实阶段，预计兼并重组、混合所有制、国资投资运营平台、资产证券化的力度会进一步加大。央企在军工、通信、基建、能源、化工等领域仍有大量企业存在合并的可能性和必要性。在国资兼并整合的大背景下，能否成为国资投资运营平台涉及企业的生死存亡，预计在央企层面将有更多企业作为国资投资运营公司试点单位，地方在改革试点中也将积极组建和发展一系列国有金控集团、投控集团、地方平台公司。

三、以国资改革带动国企改革的新势态正在形成

国资改革加快，以国资改革带动国企改革的新势态正在形成。国务院办公厅转发《国务院国资委以管资本为主推进职能转变方案》，对国资监管方式和国资委职能转变作出系统性安排，把管资本为主的国资改革向前推进一大步，企业由此获得了更多的经营自主权。这无疑是国资改革加快的一个标志。

国资委以管资本为主，实际是把资本"所有权"变成"所得权"，国资委在宏观上管理企业更科学，符合《中华人民共和国公司法》，更符合依法治理的原则。

（一）国企改革应以国家层面推进国资资本化管理为前提

对改革的准确定位非常重要。中国的企业改革有两条路可走，一是所有权改革，二是经营权改革。国企改革的核心问题是政企分开，政资分开，最后落脚点是把所有权与经营权分开。

目前改革进程显示，新一轮国有企业改革的主导方面还不是"国有企业"自身，而是在国家层面推进国有资产的资本化管理。以国资改革带动国企改革的势态正在明朗。以"管资本"为主正在成为国资改革的突破口。"管资本"的职能转变使国资委的功能改革发生脱胎换骨的变化。

从现实情况来看，企业不能成为独立的市场主体，这个问题没有解决。《国务院国资委以管资本为主推进职能转变方案》的着眼点就是为解决这个问题。《国务院国资委以管资本为主推进职能转变方案》指出，过去国资监管存在越位、缺位、错位等问题。科学界定国有资产出资人监管的边界，国资委作为国务院直属特设机构，根据授权代表国务院依法履行出资人职责，专司国有资产监管，不行使社会公共管理职能，不干预企业依法行使自主经营权。这里的"两个不"就是将公共管理职能归位于相关政府部门和单位，将由企业自主经营决策的事项归位于企业，国资委将回归真正的出资人身份。

管资本为主，不是不管企业，而是不参与企业的经营，原则是不要"越权"。国企"所有权"是国家的，而国资委代表国务院作为出资人管理企业，这是国资委的权力与责任。放弃了管企业的责任，就是放弃了所有权。管不管企业是原则问题，管什么、怎么管是方法问题。

（二）"放"经营权与"授"所有权

所有权和经营权的分离应从放权开始。改革成功与否，最后将取决于"放""授"二字。所有权和经营权分离使国有企业真正成为充满生机与活力的市场主体。

根据《国务院国资委以管资本为主推进职能转变方案》，国资委将精简43项监管事项，其中取消事项26项、下放事项9项、授权事项8项。这43项被精简的国有资本监管事项，就是国资委的"放权清单"。《国务院国资委以管资本为主推进职能转变方案》取消多项属于企业在经营中的权力，意味着国资委不再直接监管企业经营行为，但这并不是说企业的经营行为不再受到监管，只是说这些监管权力转移到了企业的股东会、董事会、监事会等主体。《国务院国资委以管资本为主推进职能转变方案》进一步提出，国资委要全面梳理并优化调整具体监管职能，相应调整内设机构。随着监管方式的转变，预计国资委中涉及经营管理的机构会缩减，体现出资人职责的机构会增加。

26 项取消事项基本上都属于经营范围，可作为"放经营权的清单"。这份"清单"总体可划分为五种类型。一是国资委直接实施类事项，如直接规范上市公司国有股东行为，中央企业境外产权管理状况检查等；二是审批类事项，如审批中央企业子企业分红权激励方案，审批中央企业重组改制中离退休和内退人员相关费用预提方案；三是备案类事项，如对中央企业账销案存的事前备案；四是指导类事项，包括对中央企业的指导事项，如指导中央企业评估机构选聘、指导中央企业内设监事会工作等，以及对地方国资委、地方国有企业的指导事项，如指导地方国资委新闻宣传工作，指导地方国有企业重组改制上市管理；五是评比类事项，如联合开展全国企业管理现代化创新成果评审和推广，组织中国技能大赛、中央企业职工技能比赛等。这些取消事项与管资本为主的导向相关度较小，且多属于企业自主经营决策，或属于延伸到子企业、延伸到地方国资国企的事项。通过精简取消，可以促使国资监管机构进一步集中监管资源，突出监管重点。

9 项下放事项、8 项授权事项基本上是所有权的"授权清单"。这份清单均为审批类事项，涉及国有股权的日常管理和增持减持。其中，涉及地方国资委监管企业和中央企业子企业的国有股权流动事项，直接下放给地方国资委和中央企业；涉及规定标准和权限范围以内的国有出资企业股权流转的，下放给国有出资企业。如审批未导致上市公司控股权转移的国有股东通过证券交易系统增持、协议受让、认购上市公司发行股票等事项，审批未触及证监会规定的重大资产重组标准的国有股东与所控股上市公司进行资产重组事项等。

《国务院国资委以管资本为主推进职能转变方案》中，改革力度最大的当数经理层成员选聘、业绩考核和薪酬管理。将政府部门对于经营性干部（即职业经理人）的考核与任免权利还给国企董事会；实现国企高管的市场化，彻底取消行政级别，由董事会向全社会"真正公开"选聘，并给予市场化的薪酬待遇。这便是我们所说的在出资人代表与职业经理人之间"切一刀"。如果形成可复制的经验，意味着"所有权"与"经营权"的分离迈出决定性的一步。

（三）管资本的新架构将开辟国资改革全新的阶段

从所有权与经营权分离来看，《国务院国资委以管资本为主推进职能转变方案》重在讲国资委与国有资产投资运营公司之间的关系，从组织体制上切开政府与企业的联系；《关于改革和完善国有资产管理体制的若干意见》是从运行机制上切开出资人代表与职业经理人的联系。

国有资产有两种实现形式，即实物形态的国有企业和价值形态的资本；国资改革实质上是国资委在价值形态的改革，国资委的角色因此发生变化。原本是国资委与企业的两层结构，现在中间又加了一个国有资本投资运营公司，变成了三层结构。政府和企业之间形成了"隔离带"，从而实现政企分离，以国有资本投资运营公司为主要平台的"管资本"将成为主旋律。从产权关系来看，上面重点是"监督"，中间重点是"管理"，下面是"经营"，分为三个层次。实际上是把国资委的监管分成两部分，国资委权限下放到派出机构了。

这样就可以清楚地划分出国有经济融入市场时的管理层级和各层级的管理界限，从而将政府和企业剥离开来。《国务院国资委以管资本为主推进职能转变方案》特别提到，在组织实施过程中，要分类放权、分步实施，确保放得下、接得住、管得好。"两个分"是方针，"三个得"是要求。国有资本投资运营公司是"接得住、管得好"的主体。现在，国有资本投资运营公司正在试点，其改革进度将决定国资委"管资本"的进度与成效。

目前，国有资本投资运营公司改革试点正在加快。国家开发投资集团有限公司、中粮集团等10家央企国有资本投资公司的经验一旦被推出，国资委以"管资本"为主的国资改革将进入一个全新的阶段。

因此，国资委以管资本为主的内涵与实质在于，放出经营权，而所有权是不能放的，也是不会放的。国资改革实际上是放开经营权，把资本"所有权"变成所得权，这是改革的一个深层次的变化，是中国共产党领导国资国企改革的一个了不起的变化。

第二节　完善国有资产监督管理职能

全民所有制经济从所有制关系到产权关系，从基本经济制度到市场经济体制和运行层面，两者之间必须有连接中介，这个连接中介就是国有资产管理机构。改革开放以来，国企改革和国有资产管理体制探索的最新成果就是国资委的设立。由国资委作为国有企业所有权的代表，履行出资人的责任和义务，在产权层面上实现全民所有制形式的载体和依托。

如果说包括国有企业在内的国有资产构筑了国民经济安全的微观基础，那么国有资产监管则是包括培养监管能力在内的国家能力的重要环节。而国有资产监管能力不足和监管职能分割带来的影响并不仅仅是经济层面的，国有资产监管能力不足不仅会影响国有资产的保值增值和资源配置效率，还可能会影响国家经济安全和市场经济秩序，影响对不同利益主体的协调整合，影响国家的税收、利润和就业等，最终影响国家能力的整体水平。因此，从国家能力意义层面上看，我们对《中华人民共和国宪法》（以下简称《宪法》）和《中华人民共和国企业国有资产法》（以下简称《企业国有资产法》）关于国有经济和国有资产监管重要性的强调会有更全面的理解。《宪法》规定："中华人民共和国的社会主义经济制度的基础是生产资料的社会主义公有制，即全民所有制和劳动群众集体所有制。""国有经济，即社会主义全民所有制经济，是国民经济中的主导力量。国家保障国有经济的巩固和发展。"《企业国有资产法》规定："国家采取措施，推动国有资本向关系国民经济命脉和国家安全的重要行业和关键领域集中，优化国有经济布局和结构，推进国有企业的改革和发展，提高国有经济的整体素质，增强国有经济的控制力、影响力。""国家建立健全与社会主义市场经济发展要求相适应的国有资产管理与监督体制，建立健全国有资产保值增值考核和责任追究制度，落实国有资产保值增值责任。"

国资委的设置，有助于把国有资产的占有权、使用权、支配权和处分权等各项权利，通过市场规则让渡给不同市场主体来行使，并使各市场主体都能获得相应的收益，从而实现国有资产的流动和有效的市场配置，实现保值增值，增强国有经济的控制力、影响力。目前的问题在于如何完善国有资产管理体制。这里有两个方面的问题值得关注：一是国有资产管理机构的职能定位；二是对国有企业的分类监管。

按照"以管资本为主加强国有资产监管"的要求科学研究国资委的职能定位，笔者认为，作为国有资产管理机构，国资委的基本职能有以下三个：一是维护和保证基本经济制度的顶层设计，二是对国有资产和国有企业实施监管，三是代表出资人行使所有权。

第一个职能是维护和保证社会主义基本经济制度。应当指出，我国《宪法》所规定的中国特色社会主义基本经济制度和所有制结构，是生产力、社会制度体系和制度结构综合作用的结果，是顶层设计的产物。国有经济中哪些行业和领域需要国有独资，哪些需要垄断经营，哪些可以混合所有权经营，都必须要有规划设计，这样才能使国有经济既遵循市场经济运行规则，又不会破坏社会主义基本经济制度的内在要求。

第二个职能是具体监管职能。理论上，应该由人民代表大会监管国有经济和国有企业，但问题在于人民代表大会也无法直接监管，必须委托具体部门实施监管，人民代表大会负责对监管者进行监管。国资委是顶层设计者，它理所当然应成为监管者。

第三个职能是行使所有权职能。国资委作为国有资产管理机构，要保证基本经济制度中国有经济的主导地位和控制力，避免顶层设计成为空中楼阁，必须切实监管国有产权的经营状况。

党的十八届三中全会的《中共中央关于全面深化改革若干重大问题的决定》明确指出，以管资本为主加强国有资产监管。这对提高国有资产监管能力和水平提出了新的要求。从管资产到以管资本为主，更加突出出资人代表性质，更强调和突出从出资人角度加强监管。国资委作为出资人，主要是以产权关系为纽带，依法通过公司章程和公司治理，围绕管好资本，落实出资人职责，而不干预企业具体经营活动。

国有企业功能不同，因而国有企业改革和国有资本管理不能"一刀切"。实际上，不区分功能类型，采用统一的资产保值增值考核标准和公司法适用标准的国有资本管理体制，已经显现出设计和运行上的矛盾。党的十六大提出国有资产管理机构是管资产、管事和管人结合，就是为了克服此前的多头管理，推进政企分开。但由于国企功能没有分类界定，在履行出资人职能时，国有资产监督机构被迫承担维稳角色，加上国资委、发改委、财政部等在监管职能上交叉管理，资产管理权限边界不清。国有资产管理机构面临国有资产监管的两难：一是由于在资产经营中不能剥离社会功能，也就难以做到政企分开，尤其是竞争性领域的国企，从而难以对所监管的庞大的国有股份资本实行资本化运营；二是作为国有资本监督机构，为了分离政府公共目标，监督目标只能是国有资本保值增值，这又会强化带有公益性目标的垄断性国企的利益驱使，国有资本监督机构在其职能权限内，又没有能力和动力去加以约束。

笔者认为，在职能上，应考虑从立法层面明确划定国资委的职能和权限边界，将国有资产管理的最高机构，由国务院下属机构变更为全国人民代表大会下设的机构，直接接受人民代表大会的监管，真正向全民负责，履行国有资产所有者的全部职责（其他部门起配合协作的作用），从而真正承担起维护基本经济制度、国有资产监管和保值增值，以及完成必要的社会任务的责任。

通过机构改革，构建一个"无缝隙"的"大国资"监管体制，这将有助于弥补现有国有资产监管体制的漏洞，提高各类国有资源的配置效率，最终提高国家治理能力的整体水平。"十三五"规划纲要明确了国企改革方向，即做强、做优、做大国企，培育一批具有自主创新能力和国际竞争力的国有骨干企业，增强国有经济活力、控制力、影响力、抗风险能力，以更好地服务于国家战略目标；商业类国企以增强活力、放大国有资本功能、实现国有资产保值增值为主要目标，有序竞争，有序进退；公益类国企以保障民生、服务社会、提供公共产品和服务为主要目标，同时引入市场机制，加强成本控制，提高产品服务质量、运营效率和保障能力。两类划分明确了国企改革不是收缩和退出竞争性领域，而是更好地贯彻公有制发展先进生产力，加快国企公司制和股份制改革，完善现代企业制度和法人治理结构。建立国企职业经理人制度，完善差异化薪酬制度和创新激励。加快剥离国有企业办社会职能和解决历史遗留问题，实现国企和非公有经济的公平竞争。完善国有资产管理体制，以管资本为主加强国有资产监督，提高资本回报，防止国有资产流失。改组国有资本投资运营公司，提高国有资本配置和运行效率，形成国有资本流动重组、布局调整的有效平台。健全国有资本合理流动机制，推进国有资本布局战略性调整，引导国有资本更多流向关系国家安全、国民经济命脉的重要行业和关键领域。建立国有资产出资人监管权力清单和责任清单，稳步推进经营性国有资产的集中统一监管，建立覆盖全部国有企业、分级管理的国有资本经营预算管理制度。对国有资本和企业领导人员履行经济责任情况实行审计全覆盖。鼓励国有资本和非国有资本双向进入融合的混合所有制，以混合所有制促进国有经济的发展。

第三节 完善国有资产管理体制的基本思路和对策建议

完善国有资产管理体制机制，近期要在现有制度框架内，推进国资系统自身的体制机制改革，一方面解决谁来"监督国资委"的问题，另一方面解决国资委"既当老板，又当婆婆"的问题，以组建国有资本投资运营公司为突破口，形成"国资委—国有资本投资运营公司—混合所有制企业"三级架构的国资监督管理运营体系，加快完善国资管理方式，减少行政干预，进一步提升国资管理效能。中期要结合当前国有资产管理体制存在的突出问题，将国有资产分为纯公益性和经营性两大类进行管理，同时按照授权经营的原则，以完善国有资本投资运营公司运作机制为重点，加快形成决策、执行、监督相分离的非金融类经营性国有资本管理体制。从长远看，要逐步构建包括（非金融类）经营性、金融类、资源类、行政事业类国有资本在内的出资多元、监管统一的国有资产管理体系，如表7-1所示。

表7-1　国有资本的分类监管

企业类别	法律属性	企业形态	经营属性	经营范围	预算主体	监管主体
纯公益性	公法人，受国家行政法约束	国有独资	不以营利为目的，不考核经营利润	军工中的核心保军企业、国家重要物资储备类企业等关系国计民生却又不能营利的领域	财政部	人大国资委
经营性	民商法人	国有控股或参股	以营利为目的，考核指标围绕营业利润制定	供水、供电、供气等公用事业，石油、电信、电力、邮政、航空、航运等自然垄断性行业，竞争性领域	财政部	国监委

一、纯公益性国有资本由人大国资委管理

纯公益性国有企业（军工中的核心保军企业，国家重要物资储备类企业，如中储粮、中储棉等）属特殊公法人，应当在人大层面设立国有资产委员会，依照特殊法律法规或公司章程，对这类国有资产进行企业形态的监督和管理。这类企业主要履行社会公共服务职能，承担公益产品的生产经营，接受公共补贴，以国有独资形态存在，管理者具有公务员身份。

二、非金融类经营性国有资本完善管理体制的思路

非金融类经营性国有资本在国有资本中占有很大比重，且分布在多个领域，是完善国有资本监管机制的重点，应放在完善我国社会主义市场经济体制机制的大背景下予以考虑。由于建立决策权、执行权、监督权既相互制约又相互协调的行政运行机制是我国行政管理体制改革的方向，也是完善国有资产管理体制的方向。因此，要按照国有资本的委托人所有者代表、托管方出资人代表、监督机构实现决策、执行与监督三权分立、各司其职、相互制衡的思路，构建由决策层、执行层、监督层组成的国有资产管理体制和监管体系，实现非金融

类经营性国有资产由管理企业到运营资本的转变。

（一）在人大层面设立国有资产委员会作为决策层

我国国有资产属于全民所有，理论上全国人大代表全体人民拥有国有资产的终极所有权，可以作为国有资产的委托人，行使决策职能。在现行"国家所有、分级管理"的国有资产管理体制下，建议在各级人大设立"国有资产委员会"（简称"人大国资委"），作为管理国有资产的决策机构，代表人民行使非金融类经营性、金融类、行政事业类和资源类等各类国有资产的所有者权利和决策职能。其中，有关非金融类经营性国有资产的决策职能包括制定国有资产战略布局总体设计、发展规划和重大改革部署，提请全国人大制定、修改和审议国有资产监管法律，制定国有资本投资运营公司发展战略、经营目标、考核机制，审议国有资本投资经营公司的重大事项，如资产重组、股份制改造、股权转让、兼并破产、收入分配、发行公司债券等，每年向全国或相应级别的人民代表大会汇报国有资产变动和相关规划执行情况。人大国资委成立后，其他类别国有资产的重大决策权也要由其统一行使，具体包括制定非经营性国有资产管理办法，审议或向人大国资委报批非经营性资产转经营性资产的经济行为，负责审议资源性国有资产的开发和转化等重大事项或提交人大决策审议。

（二）改组成立若干个国有资本投资运营公司作为执行层

结合非金融类经营性国有资本分布状况和功能定位，我国可以组建或改造成立若干个专业性强的国有资本投资运营公司，作为国有资产经营的受托人和执行层，按照授权经营原则，代表国家行使国有资产的出资人职能，按照市场化和商业化原则经营国有资产。组建国有资本投资运营公司是国资管理体制改革的突破口，是下一步国资改革的切入点和落脚点，关乎新一轮国有资本管理体制改革的成败，必须从以下几方面切实把握好。

1.依据功能定位组建不同类别的国有资本投资运营公司

国有经济的功能定位首先要与一个国家的发展阶段相适应，我国还属于发展中国家，国有经济除了弥补市场失灵，还具有稳定经济、发展经济的功能，这一点与西方发达国家不一样。作为社会主义国家，国有经济还是巩固社会主义制度的经济基础。因此，今后相当长的一段时期，国有企业除了承担传统意义上的公共职能外，还要肩负发展经济、体现制度特色的任务，既要承担公共职能，履行特殊战略功能，又要承担经营职能，实现国有资本保值增值。20世纪90年代以来，上海、深圳等地探索构建国有资产经营公司，作为介于政府和国有企业之间的中间层，由政府授权其投资运营国有资产，改革实践表明，国有资产经营公司必须分类组建、功能定位明确、职能专一，并实行规范化、市场化运作，才能实现预期目标。

结合当前国有经济的功能定位、分布状况及一些地区的改革实践，我们可以考虑成立四类国有资本投资运营公司。一是公用事业类，投资运营范围主要限于关乎人民生活的供电、供水、供气、供热、公交、地铁等公用事业企业。二是公共保障类，投资运营范围主要限于占有国家特殊资源、承担国民经济发展保障和国家安全责任的企业，如石油、电信、电网、军工、重要运输行业等。三是战略类，投资运营范围主要限于市场风险较大、民营资本尚不愿进入的战略性新兴产业。四是竞争类，投资运营范围主要限于充分竞争性领域。

不同类别的国有资本投资运营公司对所投资企业可以采取不同的出资方式。公用事业类和公共保障类投资运营公司对所投资企业可采取绝对控股、相对控股或参股方式，从技术经济特征看，凡是能够向民营资本开放的领域都应该开放，但为了确保国有资本在这些行业的控制力，可以采取金股制度，以少量国有资本带动更多民营经济发展，从保障国民经济运行安全出发，国有资本具有一票否决权。战略类投资运营公司对所投资企业可采取控股或参股方式，为了激发民营经济投资新兴产业的积极性，并充分发挥民营经济经营机制灵活等优势，国有资本可以优先股的形式存在，获得固定红利，参与重大问题决策，将企业日常经营的决策权赋予民营资本。竞争类投资运营公司对所投资企业主要采取参股方式，按照出资比例参与企业经营决策。

2.按照"改组为主、新建为辅"原则组建国有资本投资运营公司

理论上，国有资本投资运营公司的形成途径有三种：将现有中央企业集团直接转为国有资本投资运营公司；在现有中央企业集团之上重新组建国有资本投资运营公司；将现有中央企业集团分类合并组建为不同功能的国有资本投资运营公司。如果按第一种方式，将现有113家中央企业集团直接转为国有资本投资运营公司，数量太多，无法实现整合功能、分类管理的目标。按第二种方式，相当于在现有中央企业集团基础上又增加了一个层次，纵向层级多，拉长了管理链条。第三种是比较切实可行的方式，对现有中央企业集团按产业性质、业务范围、行业地域以及所承担的目标任务进行科学分类，以同行中规模较大、业内公认的企业集团作为发起人，改组建立20家左右的国有资本投资运营公司。考虑到当前大多数中央企业集团公司都从事实业经营，近期可改组成立15家左右国有资本投资公司，新组建2家国有资本运营公司，连同成立初衷是专门从事资本运营的国家开发投资集团有限公司、中国诚通控股集团有限公司、中国国新控股有限责任公司等3家资本运营公司，总共有5家国有资本运营公

司。将央企母公司改组成国有资本投资运营公司时，不良资产按照相关政策核销，人员安置从国有资本投资运营公司的经营收益中，每年拿出一部分钱逐步化解"历史包袱"，最终完全进入社会保障系统。

3.国有资本投资运营公司由人大国资委管理

国有资本投资运营公司由人大国资委授权行使出资人权利，国务院参与管理。人大国资委通过选派董事会成员、监事会成员等进入国有资产经营公司行使委托人职责，体现国家意志、国家战略和所有者权益。为了体现中国特色社会主义的特征，国有资本投资运营公司原则上为国有全资或独资企业，不吸收非国有资本，但社保基金、金融保险等国有机构可以入股；为了激励负责国有资本投资运营的高级管理人员，今后可以探索对高级管理人员实行少量的股权和股票期权的激励机制。国有资本投资运营公司属于国有资本经营预算单位和实施载体，其预算政策、预算编制和预算信息的公开由财政部负责并报国务院和人大审批。公用事业类、公共保障类、战略类国有资本投资运营公司的发展战略和发展政策，由发改委和工信部协助人大国资委制定，并报国务院和人大审批，竞争类国有资本投资运营公司"走出去"战略和相关政策由商务部门协助人大国资委制定并报国务院和人大审批。

目前，社会上存在关于非金融类经营性国有资本投资运营公司是归财政部还是归国资委管理之争。持归财政部负责管理国有资本投资运营公司意见的人，主要是参考了新加坡淡马锡公司归财政部管理的模式。他们认为，新加坡国有经济体量有限，而中国国有经济规模庞大，不能简单类比。况且，财政部门的责任是管理政府公共支出，我国这样一个大国的财政事务已经足以让财政部门满负荷运转，如果再将国有资本的管理纳入财政部门，无论是政府公共支出管理，还是国有资本的改革发展，都将会受到影响。因为财政职能与资本职能迥异，价值诉求和行为选择上的冲突性大于协调性，考虑到市场环境、法律制度、理念传统等的差异，中国难以形成新加坡财政部与淡马锡之间那样的行为规范和互动机制，如果将财政事务和国有经济改革发展完全不同的两件事务交给一个部门管理，一个主体身兼二职，难免会有身份的混淆，从而影响对两者各自的管理。此外，经营性国有资产从财政体系分离，可有效切断国有企业直接承接公益性政策负担和财政资源直接输送国有企业的体制通道，从而更加明确国有企业行为的价值创造导向并有效消除其"预算软约束"积弊。

持归国资委负责管理国有资本投资运营公司意见的人认为，在现有国资委系统内实现"二身二任"，由国资委行使营利性国有资产"终极出资人代表"职能，国有资本运营公司履行直接出资人职能。笔者认为，我国国有资产规模庞大，且分布领域广泛，未来国有资产战略性调整的任务艰巨；作为社会主义制度的经济基础，国有经济同时肩负经济功能和社会功能；随着全球化步伐加快，还需要周密谋划"走出去"战略。考虑到国有经济改革发展的任务艰巨而复杂，需要一个更高层次的机构来协调相关政府部门完成上述任务。国资委作为政府序列中的特设机构，如果由其行使管理国有资产运营公司的职能，受体制惯性的影响，国资委可能仍然延续无所不在、无所不管的管理方式。此外，从监管的国际发展趋势看，20世纪70年代以后，发端于英国、美国并扩散到欧洲、大洋洲的政府放松管制运动，广泛影响到日本、韩国及亚洲的新兴市场国家，在此背景下，国外发达国家政府部门的主管职能与监管职能分离，成立独立监管机构已经成为潮流。我们认为，应在此基础上设立独立的监管机构，这既符合国际监管发展趋势，又适合我国国情。

4.国有资本投资运营公司按照市场化方式经营

改组成立的国有资产投资运营公司是人大国资委授权的国有资本经营机构，是代表国家对部分经营性国有资产直接行使资产收益、重大决策、选择管理者等出资者权利的特殊企业法人。资产经营公司既不是行政管理部门，又不是普通企业，其特殊性质和职能定位，决定了其必须按照产权运作的要求转变运营方式，以产权为纽带，以国家出资人的身份对所投资企业进行产权管理和监督，而不直接干预企业的生产经营。改组成立的国有资本投资运营公司已经不再是部分经营实体企业的行政主管部门，而是与所出资企业是以资本为纽带的投资与被投资的关系，按照功能定位，发挥统筹规划和投资运营平台的作用，其面对的经营实体企业也不是原来国有企业的简单合并，而是引入民营资本、外资后，按混合所有制经济进行规范治理的市场竞争主体。参照中国汇金公司、新加坡淡马锡公司的运营模式，完全按照商业化规则运营，在投融资管理、公司治理、职业经理人管理、管控模式、考核分配等方面，都将更加市场化。

资产经营公司实行董事会负责制。董事会建设是国有资本运营公司有效运行的关键环节。针对国有资本运营公司的特点并结合国际规范，建议董事会成员不再按外部董事和内部董事分类，而是由执行董事和非执行董事组成，其中非执行董事又分为股东董事和独立董事。股东董事是由人大国资委依法向国有资本投资经营公司派出，具有国家公务员身份，但不在公司担任具体职务的董事。为了保证公正性和中立性，股东董事不从国有资本运营公司领取薪酬，但参照新加坡淡马锡模式，依据公司经营状况对委派的董事进行职务升降。独立董事由与公司没有任何业务关联的社会知名专家或民营企业家担任，对这类董事按照市场原则进行物质激励。为了规范管理，这类董事必须经过考核，取得资格证书。执行董事是从社会公开招聘的职业经理人，彻底脱离公务员序列，在公司高管层中担任执行职务，享受完全市场化的薪酬待遇。同时，在国有资本运营公司组建由执行董事和没有董事资格的高管人员组成的执行董事委员会，负责国有资本运营公司的日常经营与管理，董事长由人大国资委任命的股东董事担任。为了充分发挥董事会的作用，董事会下设战略决策委员会、提名与薪酬委员会、审计委员会等功能委员会。

5.逐步实现国有资本投资公司向国有资本运营公司的转变

国有资本投资公司和国有资本运营公司都是国家授权经营国有资本的公司制企业，都是非金融类经营性国有资本的出资人代表，都是国有资本发展战略和国有资本经营预算的实施载体，都是涉及国家安全的重要机构，都采用国有独资形式，但两者经营的侧重点不同，如表7-2所示。

表7-2　国有资本投资公司和国有资本运营公司的比较

项　目	国有资本投资公司	国有资本运营公司
经营对象	主要是投资实业，以投资融资和项目建设为主	主要是股权投资和财务管理，运营的对象是持有的国有资本（股本）
经营目标	通过资本投资而不是行政权力保持对某些产业和企业的控制力，实现政府的特定目标；以社会目标为主，兼顾经济目标	改善国有资本的分布结构和质量效益，强调资金的周转循环，追求资本在运动中增值，提高国有资本配置效率；以经济目标为主、以社会目标为辅
经营方式	混合控股公司，通过产业资本与金融资本的融合，提高国有资本的流动性和配置效率	纯粹控股公司，不从事具体的产品经营，通过资本运作有效组合配置国有资本
功能定位	提供公共服务、维护生态环境、支持科技进步、保障国家安全等产品，实现特定的公共目标，更好地发挥国有资本的带动作用；肩负实现国家战略目标和国有资本保值增值功能	推动国有资本合理流动，提高国有资本配置效率；肩负国有资本盈利功能
作用方式	侧重于弥补市场失灵，发挥政府调控的作用	侧重于发挥市场机制的作用

从经营对象看，国有资本投资公司主要从事实业投资，以投资融资和项目

建设为主。国有资本运营公司主要从事股权投资和财务管理，运营的对象是持有的国有资本（股本）。

从经营目标看，国有资本投资公司旨在实现政府的特定目标，通过资本投资而不是行政权力保持对某些产业和企业的控制力，以社会目标为主，兼顾经济目标。国有资本运营公司旨在改善国有资本的分布结构和质量效益，强调资金的周转循环，追求资本在运动中增值，着力提高国有资本运营绩效，以经济目标为主、社会目标为辅。

从经营方式看，国有资本投资公司是混合控股公司，通过产业资本与金融资本的融合，提高国有资本的流动性和配置效率。国有资本运营公司是纯粹控股公司，不从事具体的产品经营，主要通过资本运作有效组合配置国有资本，既可以在资本市场融资（发行股票），又可以通过产权市场来改善国有资本的分布结构和质量。

从功能定位看，国有资本投资公司肩负实现国家战略目标和国有资本保值增值的双重功能，主要是在实现提供公共服务、支持科技进步、保障国家安全等特定公共目标中更好地发挥国有资本的带动作用。国有资本运营公司肩负国有资本盈利功能，重点是推动国有资本合理流动，提高国有资本经营效率。

从作用方式看，国有资本投资公司侧重于发挥政府调控作用，重点在于弥补市场失灵，对于市场无力或不愿意投资但对国民经济又特别重要的领域，以及关系国家安全和国民经济命脉的领域，发挥着重要作用。国有资本运营公司侧重于发挥市场机制作用，通过将实物形态的国有资产转换成可以用财务指标清晰界定、计量并具有良好流动性、可进入市场运作的国有资本，以提高国有资本盈利能力。

结合国有资本投资公司和国有资本运营公司的侧重点，由央企、地方国有企业母公司改组成立的国有资本投资公司经营范围主要涉及提供公共服务、维护生态环境、支持科技进步、保障国家安全等，承担实现国家战略目标和国有资本保值增值目标的双重任务。国有资本运营公司经营范围主要涉及一般竞争性领域，负责国有资本在竞争性领域的重组配置，主要承担国有资本盈利等任务。通过改组大型企业集团成立的国有资本投资公司，短期内保留混合控股性质，以投资和项目建设为主，通过投资实业拥有股权，同时探索产业资本与金融资本融合，开展资本运作。随着我国国有经济战略性调整逐步到位，国有资本分布的领域将不断减少，积累了一定资本运营经验的国有资本投资公司，可以参考淡马锡控股公司模式，演变为专司国有资本配置和再配置的资本运营公司，主要业务集中于股权投资和财务管理，从而实现由集团公司向国有资本运营公司的转变。

6. 我国尚不具备以投资基金运营国有资本的条件

目前，部分专家提出按行业设置一批国有资本投资运营基金，把现有的国有股划给某一个国家投资基金公司，作为该国家投资基金公司投入企业的国有资本，由基金公司负责运营。基于以下几方面的考虑，笔者认为，近期国有资本投资运营公司作为中间层运营国有资本，比国有资本投资运营基金更适合我国。

第一，投资基金的相关法律不健全，而国有资本投资运营公司的相关法律比较成熟。我国出台了将上市公司作为投资对象的《中华人民共和国证券投资基金法》，将非上市公司作为主要投资对象的产业投资基金、股权投资基金，在立法上还存在缺位问题。由于法律法规不健全，产业投资基金、股权投资基金建立、运作、退出、监管等环节的法律法规尚不健全，在这种情况下，以投资基金来运营国有资本，很难实现预期目标。相比之下，《公司法》已经比较成熟、完善，以国有资本投资运营公司的形式经营国有资本，在法律上没有任何障碍。

第二，投资基金的发展体系不完善，我国已经对国有资本投资运营公司进行了改革探索。产业投资基金、股权投资基金在我国兴起时间较晚，运作模式尚在探索中，发展体系也很不完善。用在我国发展尚不规范、尚未成熟的金融工具来运营规模庞大、分布领域广泛的国有资本，属于新生事物，存在很大风险。相比之下，我国通过国有资本经营公司来管理国有资本，已经进行了一些改革探索。20世纪90年代以来，一些地区探索以国有资本经营公司来运营国有资本，取得了初步成效。中央层面，2003年以来先后成立了国家开发投资集团有限公司、中国诚通控股集团有限公司、中国国新控股有限责任公司三家资本运营公司，尽管由于种种原因，这三家公司都没能很好地发挥运营国有资本的职能，但毕竟在运营国有资本方面进行了初步探索，积累了一些经验。

第三，与投资基金相比，投资运营公司更能确保履行国有资本的功能定位。从理论上说，投资基金作为财务投资者，获取财务回报是其唯一目的。在当前发展阶段，我国国有经济同时肩负着经营职能和公共职能，尽管可以根据国有资本的多重职能设置不同功能定位的投资基金，但在运行机制和法律规制尚不完善的情况下，很难保证不同种类的国有资本投资基金能够按照成立初衷运作。相比之下，一些地区通过国有资本投资运营公司实现政府职能已经积累了一些经验。未来，随着国有资本战略性调整逐步到位和全球化深度发展，国内很多领域向民营经济开放后，国有资本在国内投资空间狭小，可以参考新加坡的国家主权财富基金模式，以投资基金方式到国外进行资本运作。

（三）将国资委改组为独立的监管机构，作为监管层

剥离国资委的出资人职能，将国资委由"管人、管事、管资产"的多重身份改组为专司国有资本监管的独立监管机构，成立国有资本监督委员会（简称"国监委"），代表国家行使监督非金融类经营性国有资本使用和必要时收回国有资本的权利，监管的主要对象是负责经营相应一级政府所管理的非金融类经营性国有资本的各个专业性国有资产投资运营公司，直接向人大国资委负责，具体职能包括监督非金融类经营性国有资本的使用情况，包括有权利和义务执行严格的财务和会计管理、审计和统计监督，及时制止侵犯国有资本行为；把握国有资本战略布局规划实施及国有资本经营预算执行情况；负责考核国有资本运营公司的经营绩效，据此向人大国资委提名国有资本运营公司董事长、总经理及其他高级管理人员的候选人名单，并对重大并购重组事项批准、国有资产收益收取与支出等事项拥有参与决定权；定期向人大国资委汇报国有资本投资运营中存在的问题，提出改进国有资本投资运营的具体建议。国监委不能干预投资经营公司的资本运营，只能在某个关联公司股份的并购和出售中出现问题时，才会作为事前监管者参与进来。

国监委根据国有资本投资运营公司的功能和特性制定不同的经营目标和考核机制，实行分类监管。对竞争性国有资本投资运营公司，主要依据资本所有权通过规范的产权来监管；对于公用类、公共保障类、战略类国有资本投资运营公司，应结合现阶段政府工作目标，采用战略控制、财务控制以及必要的行政干预，考核其完成产业结构调整、能源战略、环境保护、国家安全等社会目标和战略目标的情况。考核标准的差异表现在：竞争性国有资本应按照市场平均的资本成本和资本回报率水平作为保值增值的考核标准；对涉及国家安全、社会发展等非竞争性国有资本，考核标准不能参照市场平均的资本成本和资本回报率制定，而应进行社会成本和社会收益分析。

（四）放开搞活国有资本的实体经营企业

国有资本投资运营公司根据国有资本发展战略和产业政策，通过投资、控股、参股、产权出让、收购及兼并等方式，实现国有资本的优化配置。国有资本投资运营公司与下属企业之间是出资与被出资的关系，应以出资额为限，依法对所投资企业行使出资人权利，履行出资人义务，以实现国有资本的经济目标和公共目标。国有资本投资运营公司可以根据出资比例，通过委派董事会成员等方式参与公司经营决策，通过实行重大事项报告制度和财务审计监督等方式监督和管理企业，但不直接干预公司日常经营。国有资本控股、参股的企业

是与外资、民营具有同等地位的民事主体，不再称为"国企"，不再享受行政级别。所投资的公司按照《公司法》和出资比例，建立健全协调运转、有效制衡的公司法人治理结构，逐步实行职业经理人制度，董事会通过市场选聘职业经理人，建立真正的市场化选人、用人机制和市场化薪酬制度。在此基础上，实行管理者能上能下、职工能进能出、收入能高能低的市场化经营机制。

为了防止国有资产流失，国有资本参股和控股企业对外进行的任何股权投资或另外设立的任何独立核算单位，都必须提前报管理该国有资本的投资运营公司审查，报国有资产监督管理委员会备案，并接受社会监督。国有资本参股和控股企业涉及国有资本投资运营公司之间的产权交易，必须报国有资产监督管理委员会审批。

在对营利性国企和公益性国企分类监管的基础上，构建由决策主体—执行主体—监管主体—经营主体组成的国有资本管理体制，以真正实现政府的社会公共管理职能与国有资产所有者监管职能分离、出资人所有权与企业法人财产权分离、国有资产监管职能与国有资产运营职能分离（"三个分离"），实现国有资产从实物监管向价值监管转变、从着重对国有资产监管向对国有资本监管转变、从监管国有企业向监管国有资本的产权转变（"三个转变"）。这一新型管理体制有利于国有资本的战略布局与结构调整，有利于发展混合所有制经济，有利于实现国有资本的保值增值，也有利于激发市场主体活力，最终惠及国民。

三、逐步建立出资多元、监管统一的国有资产管理体制

鉴于当前国有资本分别由国资委、财政部、行业机构进行分散管理的体制存在诸多弊端，以及适应产融结合大趋势及国有资本流转重组的需要，未来可探索构建出资多元、监管统一的国有资产监管体系，逐步将金融类、资源类、行政事业类，以及文化、出版、烟草、铁路、邮政等系统的经营性国有资本纳入上述国资管理体系中，通过设立金融资本运营公司、资源性国有资本运营公司、行政事业类国有资本运营公司，对各类国有资本进行专业化运营。国监委履行各类国有资产的行政监管职能，统一监督各类国有资产，统一评价和考核国有资产经营业绩。除了上述监管经营性国有资产运营的相关事项外，它还要负责制定非经营性国有资产的管理办法，对市政设施和行政、事业单位占用的非经营性资产进行实物形态和货币形态的监管，对非经营性资产转经营性资产的经济行为、资源性国有资产的开发和转化等活动进行监管。除了行政监督外，对国有资产的监督还包括审计监督和社会监督，国有资本投资运营公司的财务状况、经营收益、股权转让情况必须向全社会公开，接受社会监督，当然还包

括更高层面的人大监督，如此形成了包括人大监督、行政监督、审计监督和社会监督在内的全方位的、统一的监督体系。

以上国有资产管理体制除了可以实现国有资产的行政管理和出资人管理的有效分离外，还具有以下特点：一是实现了各类国有资产的统一、协调管理。不同类型的国有资产都由人大国资委统一行使决策职能，由财政部负责编制经营预算，都按照统一的政策和规定管理，有利于国有资产的形态转化和重新配置，有利于开展统一的国有资产预算工作，有利于降低国有资产的监管和协调成本，有利于实现全民利益最大化。二是实现了不同类型的国有资产专业化监管。根据国有资产的形态和特征，国资投资运营主体分为四个业务范围不同的经营机构，既可以发挥国资出资人机构专业管理的优势，又可以在不同类型的出资人之间引入竞争机制。三是在组织机构建设上充分利用了专业人才和监管经验。在国监委积累监管非金融类经营性国有资本经验的基础上，逐步将文化、出版、烟草、铁路、邮政类国有资产划归经营性国有资产运营机构进行管理。金融类国有资产运营机构在现有汇金公司的基础上成立，行政事业性和资源性国资运营机构在有关部门的基础上组建。这种监管体制框架实现了机构、工作和人员的平稳过渡。

结合我国社会主义市场经济体制改革进程，构建出资多元、监管统一的国有资产管理体制可以分"三步走"。第一步是按照上述设想，构建由人大国资委—国有资本投资经营公司—国监委—投资企业组成的四层次国资体系，为管理非金融类经营性国有资本奠定制度基础。第二步是为适应产融结合的需要，将国有金融资本统一纳入国监委的监管体系中，经营性和金融类国有资产投资运营公司的行政性监督由国监委负责，经营预算工作由财政部负责。第三步是形成出资多元、监管统一的国有资产监管体制，具体包括成立行政事业性和资源性国资运营机构；将烟草、铁路、邮政、军工类国有资产划归经营性国有资产投资运营公司进行管理，考虑到事业单位改革和烟草、邮政等垄断行业改革进展比较缓慢，最终建成统一管理的国有资产管理体制还需与我国全面深化改革的总体进程相一致（图7-1）。

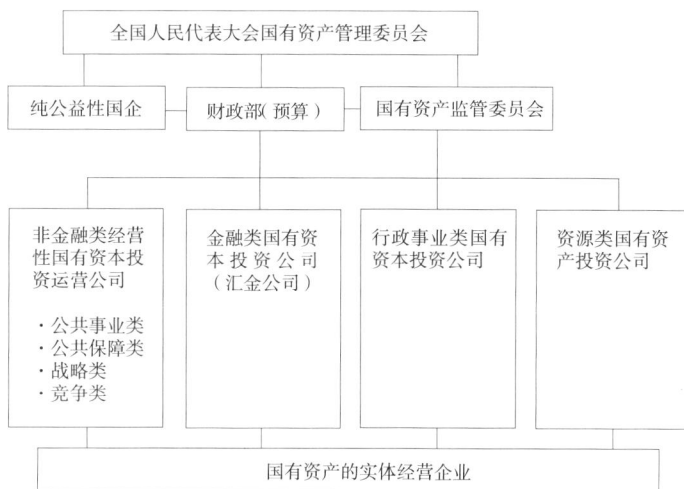

图 7-1 出资多元、监管统一的国有资产管理体制图

第八章　新时代背景下深化国企混合所有制改革的对策与建议

第一节　国企混合所有制改革的关键

一、提高国有企业和国有资本的运营效率

与 20 世纪 90 年代国企改革以扭亏解困为主要目的不同，新时代国企混合所有制改革以提高国有企业和国有资本的运营效率为首要目标。混合所有制改革不仅是产权的变动，更重要的是把民企灵活的市场机制和创新的管理理念引入国企，进而提高其经营效率。唯有如此，才能做强、做优、做大国有企业，不断增强国有经济的活力、控制力、影响力和抗风险能力。

近年来，国有企业资产总额实现了快速增长。以央企为例，从 2005 年的 10.6 万亿元增加至 2016 年的 69.5 万亿元，年均增长率达 18.7%。但是，必须认识到，这种增长在一定程度上来自于行政权力的庇护和垄断性收益。而在国企内部，预算软约束、内部激励不足、所有者缺位以及政策性任务等多种因素影响着经营效率。

混合所有制改革的关键是要触及国企效率偏低的问题，要引入外部力量完善治理结构，营造国有股东和中小股东平等行使权利、共生共赢的环境，以提高国企的决策和经营效率，优化国企激励机制。换句话说，混合所有制改革这一"药方"主要是为了医治部分国企缺乏活力的病症。需要注意的是，不能把混合所有制改革视为甩包袱的机会和弥补财政收入的工具。

此外，我们还要防范"混合所有制失灵"（汤吉军、刘仲仪，2016）。具

体而言，有两种不良后果值得警惕。一是国资仍拥有实际控制权，包括绝对控股和相对控股，会继续依仗垄断优势和强化行政壁垒，而民资则选择"搭便车"分享垄断利润，这样的改革无实质性意义。二是民资拥有实际控制权，会诱导国资代理人放弃监督，甚至选择妥协合谋，从而导致国有资产流失等问题。这对混合所有制改革背景下的国资监管能力提出了更高要求。

二、与供给侧结构性改革紧密结合

基于国企的巨大体量和重要地位，改革我国经济的供给结构，国企必定首当其冲。因此，国企混合所有制改革必须与供给侧结构性改革紧密结合，围绕"三去一降一补"五大任务推进，其中尤以去产能和去杠杆为重点。

第一，产能严重过剩、库存严重积压的行业多集中在国有企业，去产能的重点自然也是国企。2016 年，我国主要行业的去产能任务如期完成。其中，央企化解钢铁过剩产能 1 019 万吨，完成率为 141.7%；化解煤炭过剩产能 3 497 万吨，完成率为 109.9%。然而，不容忽视的问题是，去产能并没有完全发挥出市场在资源配置中的决定性作用。以煤炭为例，下压削减指标、限定工作日、限令停产等行政手段在一些地方充当了主导角色。这样做的后果是有可能淘汰了效率高的先进产能，而保留了落后产能，而且会导致供给和需求之间难以平衡。这在 2016 年底很快显现——煤炭保供应成了政府的重要工作。许光建、孙伟（2016）指出，2016 年下半年煤炭价格的过快上涨表明行政力量去产能与短期价格波动之间存在难以调和的矛盾。化解过剩产能应更多地依靠市场作用，这就要求国企必须向完全的市场主体转变。混合所有制改革依托外部资本完善国企的现代企业制度、加速市场化进程和减少政府干预，恰逢其时。

第二，在去杠杆方面，根据社科院的测算，截至 2015 年年底，我国金融部门、居民部门、包含地方融资平台的政府部门以及非金融企业部门的杠杆率分别为 21%、40%、57% 和 156%。其中，非金融企业的高杠杆又主要集中在国企，特别是产能过剩和资本密集型行业，如煤炭、化工、钢铁等行业。在经济下行时，它们只能通过举借新债维系现有债务的利息支付和本金偿还。这在进一步提高杠杆的同时还增加了系统性金融风险。政府出于政绩和社会稳定的考虑，多数会选择出手救助，如 2014 年黑龙江省政府安排 30 亿元缓解龙煤集团的资金困难，加之长久以来的预算软约束等因素，提高了国企的债务杠杆。最为典型的就是近年来广泛提及的"僵尸"企业。它们获得了大量的信贷、补贴等资源，不仅挤压了效率高的企业的发展空间，造成了市场资源的错配，还传递了可以僵而不死、坐等政府兜底的价值观，违背了市场经济权责对应和风险自担的原则。

很明显，与银行贷款、发行债券和政府补贴相比，混合所有制改革不仅能以股权形式吸纳社会资本降低杠杆率，还能助力处置僵尸企业，降低经济风险，其具体方式包括债转股、增资扩股、股权置换、资产证券化、存量资产盘活、企业兼并重组等。

三、建立相适应的国有资产管理体制

市场化是国企改革的两大愿景之一。市场经济的快速发展对政府监管国企的能力提出了新的要求。随着混合所有制改革的深入，我国亟须建立与之相适应的国有资产管理体制以做好顶层保障。需要指出的是，一般意义上的国资管理指的是国资委的工作，但这是不完全的。

其一，在政府层面，张明泽、李忠海（2016）指出，1978年以来，政府对国企的管理实现了从"管工厂"到"管企业"，再到"管资产"，直至"管资本"的3次转型，目前最后一次转型正在进行中。国资委自2003年作为国务院直属特设机构成立以来，在代为履行出资人职责、指导国企改革重组、推动国资保值增值等方面发挥了重要作用。但是，随着市场经济的完善，国资委的定位面临着挑战。一是国资委承担着双重职能，既当"老板"（出资人），又当"婆婆"（监管者），两者之间必然产生角色冲突；二是国资委"管人、管事、管资产"的业务范围已超出了出资人的职责。

与此同时，其他机构也对国企产生了影响。张文魁（2017）认为，我国的国企管理体制具有复杂性和严密性的特点。以央企为例，国资委、财政部、审计署、组织部、人力资源和社会保障部、全国总工会、中纪委（监察部）等都会参与到国企管理中来，而且各级党委和企业党组织在国企管理中也占据着举足轻重的地位。有学者对此做过研究，钱颖一（1995）提出，党组织对国有企业人事权的把控，是对其缺乏充分信息的补偿机制，这样避免了国有资产像东欧国家和俄罗斯那样的快速流失。事实上，党对国企领导人员的任免是制约其内部人控制的重要平衡力量。马连福（2013）以2008—2010年A股披露的党委会成员在公司董事会、监事会以及管理层任职信息的国有上市公司为样本，发现党委参与国企治理会增加公司雇佣员工的数量，但能缩小公司高管与普通员工的薪酬差距。目前，98家中央企业都将党建工作总体要求写入章程。

其二，在国资平台公司层面，《中共中央、国务院关于深化国有企业改革的指导意见》提出，改组组建国有资本投资、运营公司。这是一个新的表述，这里统称其为"国资平台公司"。自2014年以来，国资委对此开展了两批央企试点。比如，国投公司、诚通集团、国新公司改组为国有资本运营公司，神华集团、中国五矿、招商局集团、中交集团、保利集团进行国有资本运营公司试点。2017 年 6 月，国资委副秘书长彭华岗在媒体沟通会上表示，未来央企将主要分为 3 类，即实体产业集团、投资公司和运营公司。这也是全新的提法。

作为典型的国外经验，淡马锡资产管理公司经常被国内官员和学者提及，认为其实现了"管资本"的要求。我国最接近淡马锡模式的是金融国资的汇金模式。与国资委同年成立的中央汇金投资有限责任公司，代表国家对重点金融企业行使出资人权责。汇金模式采用"财政部—汇金公司—国有金融企业"3 层架构，以出资额为标准，以股权为纽带，通过公司治理渠道行使出资人代表职责。这种国资管理模式也被上海、深圳、山东等地借鉴。但是，相比于新加坡，我国国企所处的行业范围之广、经济体量之大与其承担着政策性任务以及复杂的国情，决定了淡马锡模式或汇金模式并不能完全适用。现行国资管理体制有很大程度的合理性，应在此基础上完善，而不是推倒重来，否则制度成本过大。

首先，国资委应把出资人职责充分授权给国有资本平台公司。同时，与之做好职能上的区分和隔离，建立起"国资委—国有资本平台公司—国有企业"的管理架构，减少对国企业务的干预，让平台公司履行起职责，其他部门则间接通过相关政策使其贯彻政府意志，如产业政策、公共服务等。其次，要把金融、铁路、文化等国企纳入，确保国资管理的整体性。最后，有关部门要针对党组织参与混合所有制企业治理的方式出台详细规定，并做好与其他治理主体的衔接，使国企党组成员向党负责和经理层向董事会负责的双线机制能够并行不悖、相得益彰。

在国资平台公司层面，笔者建议依据习近平强调的把国有资本做强、做优、做大和增强国有经济活力、控制力、影响力、抗风险能力，以央企分类为基础，组建 3 类国有资本平台公司。第一类是关系国家战略安全、主要涉及国民经济关键领域和自然垄断行业的产业型国有资本投资公司，如石油、航天、兵工、铁路等。专注于一个或几个主导产业，辅业要进行适当剥离，其主要目的是扩大国资的控制力。第二类是多元型国有资本投资公司，如华润、保利、招商局等。强调投资不同产业，子公司多处于充分竞争行业，其主要目的是扩大国资的活力和影响力。需要指出的是，突出主业、主辅分离等观点并不适用此类企业，市场竞争自然会让企业做出合理的选择。第三类是国有资本运营公司，如诚通、国投和近几年成立的中国国有企业结构调整基金公司、中国国有资本风险投资基金公司等新型企业。它们通过资本市场实现国资的保值增值，并以"国家队"的身份对创新行业进行投资支持，其主要目的是放大国有资本的功能。

四、营造公平市场环境，逐步放开垄断领域

根据国家统计局数据，近几年民间固定资产投资增速呈现持续下滑的态势：从 2012 年的 24.8% 降至 2015 年的 10.1%，在 2016 年更是回落至个位数，而且与全国增速的差距愈发明显，差值最大时达到 6.2 个百分点。究其原因，一种解释是经济下行压力加大。厦门大学宏观经济研究中心 CQMM 课题组（2016）根据第二与第三产业各行业数据的对比，提出去产能导致民资加快退出制造业中的产能过剩领域，但由于技术、资金和体制等限制，民资又难以进入高端制造和准公共服务领域，这使民间投资增速明显下降，并进入虚拟经济领域和对外投资。任泽平（2016）提出，除投资能力有限、缺乏投资意愿之外，服务业存在广泛管制也是民企投资下降的原因。

渠道受限是民间投资增速下滑的重要原因，这又在一定程度上阻碍了混合所有制改革，因为很多国企都处于垄断性行业。因此，无论是充分释放投资对拉动经济增长的动力，还是着眼于加速推动混合所有制改革，都要求为民资疏通投资渠道。

让民资在获得要素资源和市场准入方面享受到与国资同等的待遇，其关键是要找准两个着力点，即营造公平市场环境和逐步放开垄断领域。第一，营造公平市场环境主要针对民间资本获得关键要素资源的机会不公平，如信贷、政府补贴、土地等。在信贷方面，世界银行课题组（2007）通过分析中国 120 个城市的 12 400 家企业在 2002—2004 年的财务数据，发现国企比民企更容易获得银行融资，但国企的平均资本回报率显著低于民企和外企。袁淳等（2010）以 2003 年—2005 年 A 股上市公司为样本，发现由于政府对银行决策的干预，国企的信用贷款比例明显高于民企，两者平均差异约为 9 个百分点。刘小玄、周晓艳（2011）将"财务费用"指标与"总负债"之比作为企业信贷成本的替代值，得出 2000—2007 年国企信贷成本平均为 1.6%，而其他所有制企业为 3.7% ~ 6.9%。在政府补贴方面，以 2015 年为例，获得补贴最多的 10 家 A 股上市公司中，有 7 家是央企。再看预算数据，财政部《关于 2016 年中央和地方预算执行情况与 2017 年中央和地方预算草案的报告》显示，2016 年全国国有资本经营预算收入 2 601.84 亿元，支出 2 171.46 亿元，相当于前者的 83.5%。也就是说，国企上缴国库的分红除 16.5% 调入一般公共预算和全国社保基金外，大部分又通过各种途径返还给国企。不公平的市场环境可归结于政府对国企"天然的溺爱"。在"放管服"改革向纵深推进的背景下，政府应把更多精力放在营造公平的市场环境上，减少对市场的越位干预，消除所有制鸿

沟，对各类企业在税收、信贷、土地、经营牌照等方面做到一视同仁，以推动国企混合所有制改革。

第二，逐步放开垄断领域是指政府要降低或消除由于市场准入限制而形成的垄断行业壁垒，并使之与国企混合所有制改革相结合。2016 年中央经济工作会议和 2017 年《政府工作报告》都提出，要在电力、石油、天然气、铁路、民航、电信、军工等 7 大领域迈出混合所有制改革的实质性步伐。这些领域都是典型的蓝海市场，它们的开放必然会吸引民营资本参与。这既可以引入竞争，引导资源合理配置，又可以推动垄断国企的改革，释放出更多活力。例如，2017 年 1 月 1 日实施的《盐业体制改革方案》打破了长久以来的盐业专营体制，对提高食盐供给质量、满足多样化需求和做优、做强食盐产业产生了积极影响（许光建、孙伟，2017）。

垄断国企进行混合所有制改革不能一概而论，应结合具体行业类别，参考国资委、财政部和国家发展改革委颁布的《关于国有企业功能界定与分类的指导意见》，首先，对于提供公共物品和准公共物品的国企，可通过转让股权、购买服务、特许经营、委托代理等方式，鼓励社会资本参与。这方面，各地城市供水行业的改革已积累了可供借鉴的经验。其次，对于关系国家安全、国家经济命脉的行业领域和承担重大专项任务的国企，以及某些由生产技术特点决定的自然垄断类国企，要分行业、分企业明确混合所有制改革对边界和程度。再次，对于体现国家战略导向的国企，可从产业、投资政策和财政补贴等方面着手引导混合所有制改革，但没有必要非得要求国资控股。最后，要科学区分垄断中的自然垄断和非自然垄断环节，对前者要加强行业监管，对后者要坚决放开。

五、发挥国企优势，放大国资功能

混合所有制改革切勿忽视另一个方向，即发挥国企优势，放大国资功能。一直以来，由于超市场待遇和较低效率的客观存在，加之一些媒体的误导，国企被人为地加上了负面标签，要求其民营化和私有化的呼声始终未停。实际上，在当前以及以后的很长时期，国企的重要地位尚无其他力量能够取代。

第一，国企为我国经济持续快速增长贡献了较大份额。2016 年，全国国有企业营业总收入为 458 978 亿元，相当于经济总量的 2/3 左右。国有经济还对电网电力、石油石化等 7 大关系国家安全和国民经济命脉的行业保持了绝对控制力，在装备制造、汽车等 9 大基础性和支柱产业保持了较强控制力。

第二，国企保障了市场难以提供的公共物品，能够弥补市场失灵。例如，在我国走出去战略和"一带一路"建设中，国企担负着开路先锋的角色；在通胀预期时，国企起着平抑物价、稳定社会的作用；在国家的重大建设中，国企能够充分落实政府的要求。

第三，与民企短期盈利化倾向不同，国企更注重长期性和全局性，能承担起产业转型升级的重任。与世界先进水平相比，我国制造业在自主创新、资源利用、信息化等方面存在明显差距。辜胜阻等（2016）认为，国企有创新集聚能力强、主导关键领域突破、溢出效应明显和国际竞争能力强等四大优势，是提升国家创新能力的主力军。

第四，民企自身存在诸多问题。例如，约90%的民企采用"家族式"或"家长式"的治理方式，这不仅面临着公司管理上的挑战，还普遍存在第二代的传承问题。再如，绝大多数民企为中小企业，核心竞争力弱，创新动力不强，劳资冲突比较严重，还受到市场准入限制、融资渠道窄、对人才的吸引力不足等方面的制约。

《国务院关于国有企业发展混合所有制经济的意见》指出了6种混合所有制改革方式，分别是非公有资本、集体资本、外资参与混合所有制改革及政府和社会资本合作模式、国资入股非国有企业、员工持股。其中，国资入股非国有企业是应该强调的另一个混合所有制改革方向：发挥国企的规模和技术优势，整合先进民企资源，以达到优势互补。其具体方式包括国有资本平台公司对发展潜力大的民企进行股权投资、国企对民企提供资金和渠道支持（如在钢铁去产能中，中航集团与唐山港陆钢铁、徐州宝丰特钢的合作）、国资在证券市场举牌上市民企等。

第二节　强化国企混合所有制改革监管

我们在推进国有企业混合所有制改革的过程中，应守住保障国有资产安全和维护职工权益的重要底线。为此，我国应当强化企业内部监督，建立健全高效协同的外部监督机制，实施信息公开，加强社会监督，通过严格规范操作流程和审批程序，以切实加强监管，坚决防止因监管不到位、改革不彻底导致的国有资产流失。

一、完善企业内部监督体系

（一）我国现行企业内部监督体系的构建

我国现行的企业内部监督体系规范主要体现在《公司法》《上市公司治理准

则》和《企业内部控制基本规范》三个法律文件中，通过这三个法律文件中的有关规定可以发现，我国企业内部监督体系是由监事会、审计委员会和内部审计共同组成的。

1. 监事会的监督职能

我国《公司法》《上市公司治理准则》和《企业内部控制基本规范》对监事会的监督职能均有明确规定，足见监事会在我国企业内部监督体系中的重要性。

2005年，《公司法》第五十二条规定，有限责任公司设监事会，其成员不得少于三人。第五十四条规定，监事会有权对董事、高级管理人员执行公司职务的行为进行监督；当董事、高级管理人员的行为损害公司利益时，要求董事、高级管理人员予以纠正。监事会有权对董事、高级管理人员提起诉讼。第五十五条规定，监事可以列席董事会会议，并对董事会决议事项提出质询或者建议。监事会发现公司经营情况异常时，可以进行调查；必要时，可以聘请会计师事务所等协助其工作，费用由公司承担。

2002年，《上市公司治理准则》根据上市公司的特殊性，对《公司法》中有关监事会的条款进行了细化和补充。《上市公司治理准则》第五十九条明确规定："上市公司监事会应向全体股东负责，对公司财务以及公司董事、经理和其他高级管理人员履行职责的合法合规性进行监督，维护公司及股东的合法权益。"第六十三条规定："监事会发现董事、经理和其他高级管理人员存在违反法律、法规或公司章程的行为，可以向董事会、股东大会反映，也可以直接向证券监管机构及其他有关部门报告。"

我国《企业内部控制基本规范》从内部控制的角度，在第十二条中对《公司法》中有关监事会的职能做了补充规定："监事会对董事会建立与实施内部控制进行监督。"

2. 审计委员会的监督职能

我国《上市公司治理准则》《企业内部控制基本规范》及《企业内部控制应用指引》确立了审计委员会在企业内部监督体系中的重要地位。

《上市公司治理准则》第五十四条规定："审计委员会的主要职责是（1）提议聘请或更换外部审计机构；（2）监督公司的内部审计制度及其实施；（3）负责内部审计与外部审计之间的沟通；（4）审核公司的财务信息及其披露；（5）审查公司的内控制度。"

《企业内部控制基本规范》第十三条规定："审计委员会负责审查企业内部控制，监督内部控制的有效实施和内部控制自我评价情况，协调内部控制审计及其他相关事宜等。"

3.内部审计机构的监督职能

内部审计是指企业内部的一种独立客观的监督、评价和咨询活动，通过对经营活动及内部控制的适当性、合法性和有效性进行审查、评价和建议，促进企业改善运行的效率和效果，实现企业发展目标。

《企业内部控制基本规范》第四十四条规定，企业应当"明确内部审计机构（或经授权的其他监督机构）和其他内部机构在内部监督中的职责权限，规范内部监督的程序、方法和要求"。

（二）当前我国企业内部监督体系存在的主要问题

1.监督意识薄弱，不能正确把握会计监督的定位

单位领导认为会计监督是监督领导的行为，有抵触情绪。而会计人员、审计人员、纪检人员认为会计监督自己的领导和自己的企业，有畏难情绪。

2.管理体制不健全，内控制度失调

我国有些企业内部管理和控制制度很不健全，有些企业虽建立了相应的制度，但这些制度形同虚设，管理松懈或脱节，没有有效执行，更没有得到有效的监督，以致会计秩序混乱，会计核算处于无序状态，致使徇私舞弊现象经常发生。

3.会计监督中重核算轻监督，监督职责履行不到位

会计的基本职能是核算和监督，而企业会计人员只重视核算，对会计监督职能往往只是被动地通过会计核算职能实现，没有主动实施。同时，企业内部审计、纪检部门对内部监督的种种信息来源与开展工作的重要线索掌握不多，未能真正发挥监督职能。

4.企业内部管理机制混乱，易造成监督的空档

很多企业只注重生产效益，在内部管理上各自为政，企业各部门之间沟通少、资源整合不够，各部门之间缺少必要的沟通、交流和配合，工作注重程序化、表面化，导致内部监督体系整体效能难以正常发挥。

5.监督体系缺乏内在的动力机制，内部监督效果不明显

由于企业内部监督者与被监督者同属于一个利益共同体，监督机构的设立、监督人员的任免都由被监督者决定，这样会影响内部监督机构执行监督的公正性、公平性乃至合法性，进而影响监督质量的提高。

6.内部监督人员专业水平低，业务素质有待提高

企业监督部门人员的配置相对于其他部门有较高的要求，但企业实际对监督部门需要的专业人才配备并不十分重视，致使监督人员业务知识和业务素质都不高。同时，由于监督部门地位不高、不受重视，监督部门人员缺乏一定的

稳定性，从而造成监督部门人员业务素质难以提高。

7.会计人员的职业道德下滑，缺乏会计诚信

随着市场经济大潮的冲击，一些人的价值观受到很大影响，利益诱惑导致部分职业道德低下的会计人员不惧以身试法，不严格遵守《中华人民共和国会计法》等财经法规，提供虚假财务信息等，这些都会使内部会计监督形同虚设。

（三）完善企业内部监督体系的对策建议

强化内部监督体系，可以从以下几方面入手：首先，大力宣传内部监督体系的作用，使企业领导、中介机构、实业界、理论界都认识其重要性，并对它的思想、方法和相关知识进行普及。其次，进行科学全面的制度建设。按照内部控制的原则，培养内部控制制度发挥作用的机制。这是一种在运作过程中环环相扣、监督制衡的动态控制，只有内部控制机制有效运作，其监督作用才能发挥。最后，加强会计基础工作，如规范会计机构的设置和会计人员的任职资格，规范会计核算等。因为会计基础工作是会计工作的基本环节，一个单位的会计基础工作做得好，就为会计监督创造了良好的条件，反之如果会计基础工作做得不好，最起码的监督也就无从谈起。

二、建立健全高效协同的外部监督机制

企业的有效治理是世界各国均面临的重大问题。而对于国有企业占国民经济支柱地位的现实国情来说，我国国有企业的公司治理显得更加重要。国有企业的公司治理应是最广泛的利益相关者参与的"共同治理"。相比于内部治理，国有企业的外部治理面临的问题更为严峻。而参与外部治理的利益相关者，最重要的就是政府、社会公众与媒体。政府可以通过行政指令的方式获取信息进而对国有企业实施监督，社会公众与媒体却处于信息劣势，无法或很难对国有企业实施真正的治理，无法发挥其应有的监督作用。不断提高透明度，使其贯穿于公司治理的全过程，是公司治理构建的重点与关键，完善的公司治理结构能够为信息披露提供基础和条件。

在改革开放40多年来探索和确立中国特色社会主义道路的伟大进程中，经济体制改革尤其是国企改革始终是中心内容。我国国有资产监督管理体制，从"政企不分"到"政企分开"，再到"政资分开"，走过了不平凡的改革历程。国有企业的监督制度也逐渐成熟，特别是成立国资委、建立外派监事会制度以来，形成了符合中国国情和更为有效的国有企业监督模式。

根据委托代理关系，我国逐步建立"全国人民代表大会—国务院和地方政府—国有资产监管机构—国有企业"的国有资产监管体系，并按照"国家所有，

分级管理"的原则，实行国务院、省、市三级的国有资产监管体系，形成三种监督与被监督的关系：①人民代表大会及其常委会作为权力机构，是最高委托人，对国务院和各级地方政府履行出资人职责的情况进行监督。②对国资委的外部监督。国资委一方面应当向国务院报告企业国有资产监督管理工作情况、国有资产保值增值情况和其他重大事项；另一方面还应接受国家公共管理部门按照各自职能进行的监督，如审计署、发改委、财政部等部门的监督。③国资委对国有企业的监督。国资委通过派出监事会、派出董事会、选派出资企业负责人等方式对国有企业进行控制和监管，检查考核国有资产的保值增值情况。

《中华人民共和国企业国有资产法》规定了人大监督、行政监督、审计监督和社会监督4种监督形式，这些都属于国资委的外部监督，对应的是各级委托代理关系的监督。人大监督对应的是人大对政府的委托授权，行政监督、审计监督对应的是政府对国资委的委托授权，社会监督（包括公众监督和舆论监督）对应的是全体人民对人大的委托授权。社会监督应属最高层次，且监督层次越高，独立性越强。此外，法律监督、党内监督也是国企监督的重要力量。

各个不同的监督主体、各种不同的监督形式在各自优势领域发挥不同的作用，各有侧重又协同配合，初步构建了全方位、全覆盖、多层次的国有企业外部监督体系。

三、实施信息公开，加强社会监督

党的十八届三中全会强调要"探索推进国有企业财务预算等重大信息公开"。习近平在对党的十八届三中全会决议所做的说明中着重指出，"为在全面深化改革上取得新突破，就必须进一步解放思想"，要"以积极主动的精神研究和提出改革举措"。国有企业的责任之一就是完成社会责任，在向国民交好账的同时，取得更大的经济效益。所以，国有企业信息公开实际上是一种倒逼机制，对于推动国资国企改革发展具有非常积极的作用。但是，就国有企业、社会公众和相关部门来说，适应这种新常态还需要一个过程。企业的理解、认识和观念的转变与提高，也需要一个过程。

（一）信息公开的必要性

与非上市国企相比，上市国企的财务信息做到了较好的全面公开。信息公开的理论依据，笔者认为主要有以下几个方面：①国企所有权属性。国企属于全体人民所有，全民所有的本质属性决定了社会公众有掌握信息的知情权和利用信息进行控制的监督权。②公共资源的内涵。国企属于公共资源，公共资源决定了公众有通过共同协商确定行动的决策权和对决策执行的监督权。③委托代理管理。我国国企从最终委托人（社会公众）到最后代理人（一线员工）的委托代理关系大体有十六七个层次，过长的代理链条带来了严重的信息不对称，而信息公开则是成功破解信息不对称弊端的主要举措。④自然垄断经营。垄断决定了信息公开不会对国企发展造成伤害。⑤国内外的成功范例。我国上市国企的示范、国外国企的经验为国企信息公开提供了可供借鉴的范例。⑥阳光是最好的防腐剂。只有充分公开财务信息，才能有力遏制腐败，为国企发展营造长期、稳定的发展环境。

首先，信息公开是制度自信的表现。公有制的主体地位、国企的主导作用和公共服务的本质属性，决定了国企来自公众、服务公众，决定了社会公众有权了解国企的财务信息。财务公开对国企经营和竞争构不成大的影响，相反会遏制腐败，调动各方面的积极性，促进国企健康、持久、稳定的发展。国企财务信息公开是对公有制的优越性充满自信、自豪所决定的。其次，信息公开也是管理理论的创新。自20世纪初大企业出现以来，诺贝尔经济学奖得主、西方著名管理学家对企业的研究都集中在信息不对称下，如何通过贝叶斯纳什均衡、精炼贝叶斯（纳什）均衡实现委托人价值最大化，尚无人研究信息对称。党的十八届三中全会提出的"财务预算等重大信息公开"是在我国国企生产总值占GDP45%的背景下的公开，是对西方经济理论和管理理论的重大突破，公开的结果必将实现委托代理间的信息对称，从而重写管理理论的新篇章。最后，信息公开还有利于社会监督的引入。在信息不对称下尽管监督常在，但其实是十分滞后的，其效果也是有限的，特别是社会监督。真正实现信息公开，对于引入社会力量对国有企业进行全天候、无死角的监督具有重大意义。

（二）加快国有企业信息公开的对策

1.加快制度建设，推进国有企业财务和经营等重大信息公开

国有企业信息公开的基础是建立健全强制性的制度规范，以突破其治理体制缺陷造成的披露动机缺乏与披露对象、渠道单一等问题。

国有企业信息公开制度的范畴既包括以方针政策、法律法规、实施细则等为代表的强制性正式制度，又包括以诚信理念、责任意识、价值判断、舆论监督为重要内容的非正式制度，并且要求运行机制的配合，共同完成对国有企业实施监督与共同治理的目标。虽然《2014年政府信息公开工作要点》对中央企业"主要财务指标、整体运行情况、业绩考核结果"等内容提出了细化要求，但仍需要出台《国有企业信息公开法》等法律作为保障。在顶层推动下，信息公开以制度的形式，从指导原则到具体操作都有据可依，再加上媒体监督与社会参与，以达到克服治理体制缺陷、明确管理层责任的目标，实现利益相关者

"共同治理"的目的。信息公开这一制度的推行应与已逐步推行的薪酬改革、分类监管以及混合所有制等国有企业改革措施结合，同步实施。

2.强化国有企业管理者的社会责任意识，增强向社会公开信息的主动性

国有企业存在的目的不仅是为了企业本身，更重要的是为了集合社会利益。因此，国有企业管理者承担的不仅是企业经营管理的受托经济责任，更要以履行社会责任为工作职责，在做好一名"管理者"的同时，更要做好一名"服务者"，将完整、真实的经济与社会责任履行结果及时地向社会公众公开，积极主动地回应社会关切的问题。国有企业管理层承担的受托责任意味着其应对全体股东及其出资人代表负有同等的信息披露义务，所以应以法律制度明确国有企业管理层信息公开的责任。

3.明确信息披露内容，制定有效的信息公开保障措施

国有企业信息公开的内容应是企业运行情况与管理层履职情况的全面反映，主要分为以下几个方面：①国有企业概况及目标，主要包括企业概况、企业高层管理人员情况、企业员工情况、企业受托责任与目标；②国有企业受托经济与社会责任目标实现机制，主要包括公司治理、经营管理与内部控制；③国有企业受托经济与社会责任目标实现情况，主要包括经济责任履行情况与社会责任履行情况；④其他重大事项。凡是对国有企业经营发展产生重大影响，与内外部利益相关者有重大利害关系的信息均应单独予以披露，包括但不限于国有企业经营领域国家政策的巨大变化，有碍市场竞争与社会公平的行为，自然灾害、社会重大事故，对外界各种声音的回应等。

第三节　创造良好的国企改革环境

营造有利于混合所有制改革的良好环境，是发展混合所有制经济的内在要求和关键支撑，是破除国有企业混合所有制改革现实障碍的重要利器。国企混合所有制改革应注重改革的整体性、系统性、协调性，明确营造国企混合所有制改革良好环境的重要举措，积极稳妥地推进国企混合所有制改革，形成促进各种所有制经济依法平等使用生产要素、公开公平公正参与市场竞争、同等受到法律保护的良好制度环境。

一、加强产权保护

产权的界定、归属、流转与保护是发展混合所有制经济的焦点问题。依法

保护混合所有制企业各类出资人的产权和知识产权权益，是提高各类资本所有者投资积极性、主动性的基本前提，也是混合所有制经济有效运行的必要保障。

（一）依法平等保护出资人的产权权益

产权是所有制的核心，具有激励和约束经济主体、优化资源配置、协调利益关系等重要功能。产权是可以分割和让渡的一组权利，产权主体的利益通常在产权交易和产权流转中得以实现。产权制度是关于产权界定、运营、保护的一系列体制安排，是社会主义市场经济存在和发展的基础。《公司法》明确规定，股东依法享有资产收益、参与重大决策和选择管理者等权利。混合所有制改革允许各类资本交叉持股、相互融合，允许员工持股，对平等保护出资人的产权权益提出了严格要求。具体来讲，需要重点做好以下工作。

第一，完善产权保护制度。以平等保护为核心原则，完善促进混合所有制经济发展的产权保护制度，进一步健全国有、集体和非公有产权保护的法律法规，健全严格的产权占有、使用、收益、处分等完整保护制度。切实加强保护国有资产所有权、经营权、企业法人财产权，严防国有资产流失；切实加强保护集体资产所有权、承包权和经营权；切实保障农户充分享有土地承包权、经营收益权及宅基地使用权；切实加强保护非公有产权，完善保护私有财产权法律制度，清理不利于私有产权保护的法规政策，确保个人和非公企业法人财产权不受侵犯，促进非公有制经济健康发展。清理有违公平的法律法规条款，确保各种所有制经济依法平等使用生产要素、公开公平公正参与竞争与合作、同等受到法律保护。

第二，严格平等保护各类出资人的产权权益。发展混合所有制经济，不仅要保护公有制经济的财产权不被挤占，防止国有资产流失，还要加强对非公有制经济合法权益的司法保护，特别是在非公有制经济主体与公有制经济主体发生经济纠纷时，要树立公平公正执法、司法观念，不得歧视非公有制经济主体。改革要依法依规、严格程序、公开公正，尊重市场选择，切实平等保护混合所有制企业各类出资人的产权权益，防止混合所有制改革中的"拉郎配"。加强混合所有制改革中的过程监管，坚决杜绝随意查封、扣押、冻结民营企业资产等现象。要把出资人的合法权益作为企业利益的核心。严格遵守公司法，充分保障各类资本股东依法享有资产收益、参与重大决策和选择管理者等权利。构建所有股东投资平等、权利平等、责任平等、收益分配平等、退出平等的法人治理机制，增强混合所有制企业的活力和竞争力。实现混合所有制企业所有出资人依照出资比例和公司章程规定分担风险、共享权益，即"同股同权"。提升民营企业的法人治理水平以适应混合所有制改革，对于民营企业入股国有企业的新股东权益，要予以充分保障。

（二）依法平等保护出资人的知识产权权益

国有企业混合所有制改革必须高度重视、平等保护出资人的知识产权权益，促进创新体系的形成和发展。创新是国家和企业持续发展的不竭动力。知识产权保护是创新和经济发展的重要保障。根据《公司法》的规定，自2014年3月1日起，设立企业时知识产权出资比例不受限制，公司股东自行协商知识产权出资比例及时间，即知识产权出资比例最高可达100%。具体来讲，依法平等保护出资人知识产权权益，需要进一步重点做好以下工作。

首先，加快建立知识产权评估机构和知识产权评估体系，科学评估知识产权的价值，合理确定知识产权投资人在混合所有制企业中的股份。建议相关部门尽快制定知识产权价值评估指导意见，加快建立知识产权评估机构和知识产权评估体系，尽量减少混合所有制改革中出现的资产流失、贬损和纠纷。

其次，平等对待不同类型出资人的知识产权。混合所有制企业在使用合作企业或个人的知识产权时，应当按照市场价值按期支付许可费或使用费，依法保障各方的原有权益。

最后，规范合作创新和研发成果的归属问题，消除混合所有制企业成立后知识产权的所有权争议，为企业的未来发展铺平道路。

二、健全多层次资本市场

实行混合所有制改革，出资人的多样化也会带来资本类型的多样化，不同投资主体既有转让股份的权利，又有转让股份的需要，以便让资源更好地向优秀企业和优秀企业家集中。建立完善的多层次资本市场，完善金融产品交易和转让机制，成为营造国企混合所有制改革良好环境的重要内容。

（一）加快建立健全场外交易市场，完善金融产品交易机制

建立健全场外交易市场，完善多元化金融产品交易机制，是混合所有制企业成立和发展的重要支撑。建立多层次资本市场是我国资本市场发展的基本趋势。完善的资本市场由场内和场外交易市场共同构成。场外交易市场，是指在证券交易所之外由证券买卖双方议价成交的市场。交易的证券以不在交易所上市的证券为主，它没有固定的、集中的交易场所，而是由许多独立经营的证券经营机构分别进行交易，主要依靠电话、电报、传真和网络联系成交。场外交易市场主要承担非上市股份公司的股权交易，能够帮助企业拓宽融资渠道、有效改善融资环境、降低经营风险。当前，我国因为规模与资质不符而无法上市的公司较多，非上市公司的股权交易需求旺盛。而我国的场外交易市场还存在

制度不完善、市场相对混乱、效率不高、交易不活跃、融资困难等一些问题。因此，健全场外交易市场，完善多元化金融产品交易机制，是当前资本市场建设的重要任务。具体来讲，需要重点做好以下工作。

首先，尽快统一规范交易规则。要尽快制定统一且覆盖不同层级的、完整的场外市场交易规则，其主要包括以下三类。一是关于市场准入的规则，包括挂牌公司准入、投资者准入、做市商准入、保荐人准入、中介服务机构准入等；二是关于市场主体权利和义务的规则；三是规范和监管交易行为和交易流程的规则。当前，针对做市商、保荐人、投资人及专业中介机构，实践要求尽快统一规范。针对市场交易流程管理，实践要求尽快统一规范《专业中介机构注册指引》《尽职调查指引》《年度报告指引》等相关可操作性文件。

其次，完善场外交易市场监管制度。尽快完善相关的监管制度，特别是要建立健全针对做市商的成交报告制度、报价监管制度、卖空交易监管制度、交易信息披露制度等，构建有效的监管体系，实现属地化、专业化监管，为场外交易市场的健康发展保驾护航。

最后，完善多元化金融产品交易机制。建立健全股权、债权、物权、知识产权及信托、融资租赁、产业投资基金等金融产品交易平台，提高市场价值发现和价格形成的能力。完善公开、透明的统一报价机制。完善风险监测和预警机制，保证资产所有者的利益不受侵犯。努力推进技术系统整合，确保不同类型的产品之间能够自由交易，加强互联互通和大数据监管，降低市场风险。

（二）建立规范的区域性股权市场，健全第三方服务体系

为了更好地服务于地方企业参与国有企业混合所有制改革，促进资产证券化和资本流动，我国应建立规范的区域性股权市场，健全第三方服务体系。具体来讲，需要重点做好以下工作。

第一，建立规范的区域性股权市场。完善区域性股权市场的挂牌制度、投资者适当性制度和融资渠道，促使区域性股权市场成为企业投融资对接平台和企业改制规范平台，促进小微企业融资和发展，提高资产的流动性，降低混合所有制改革中的投资风险。要建立工商登记部门与区域性股权市场的股权登记对接机制，支持股权质押融资。建立区域性股权市场与全国中小企业股份制转让系统的合作机制，有效促进区域性股权市场竞争，引导区域性股权市场规范有序发展。研究设立专门服务于区域性股权市场的小微证券公司试点，以券商、基金的参与提升企业治理水平，促进混合所有制经济发展。

第二，健全股权登记、托管、做市商等第三方服务体系。完善产品分类登记与备案制度和服务，确保产品日益多样化的资本市场的运转。发展第三方机构托管服务或中介服务，提高投融资活动的专业化和市场的流动性，规避市场风险和大规模信用风险。全面推行做市商制度，提高金融产品的标准化程度和市场的创新能力，促进资本市场的发展。

（三）探索建立统一结算制度，完善股权公开转让和报价机制

统一的登记结算制度、股权公开转让和报价机制是与发展多层次资本市场和混合所有制经济密切相关的两种制度。探索建立统一结算制度是当前国内外交易市场的主要发展方向。我国应以具备条件的区域性股权市场、产权市场为载体，积极探索建立统一结算制度。具体来讲，需要重点做好以下工作。首先，以证券法修订为契机，进一步推动完善登记结算基本法律制度。其次，积极稳妥推进账户整合工作，完善交易结算资金第三方存管制度，努力推进技术系统整合。再次，确保登记结算基础设施安全、高效、稳定运行，积极推进区域性股权市场基础设施建设。最后，完善结算风险监测系统，提高预警和评估能力。

为了确保混合所有制企业的正常发展，降低出资人变动所带来的风险，我国有必要完善股权公开转让和报价机制。具体来讲，当前需要做好以下工作。首先，保障出资人自由转让股权的合法权利，但转让行为要公开、透明，规避私下操作等行为所引发的风险。其次，建立完善的报价机制，提高市场的价格发现能力，有效保护各方出资人的利益。最后，全面推行做市商制度。

三、建立健全法律法规制度

与国有资本完全控股的国有企业相比，混合所有制企业在治理结构、企业目标与职能、市场退出决策等方面均存在明显差异。各类资本迫切要求建立起完善的、符合混合所有制经济发展要求的法律法规体系，只有如此，才会放心大胆地参与发展混合所有制经济。目前，我国发展混合所有制经济所需要的法律保障体系尚不健全，迫切要求加快相关法律法规的修订工作和规范保障混合所有制经济发展的立法工作，确保国企混合所有制改革有法有据。

调动各类资本参与发展混合所有制经济的积极性，迫切要求依法及时修改不利于混合所有制经济发展的相关法律法规，保障所有出资人的合法权益。

目前，改革迫切要求尽快形成保障混合所有制经济发展的法律法规体系。具体来讲，当前需要健全以下法律法规。

（一）产权保护法律法规

按照过错责任原则、所有权不可侵犯原则与契约自由原则，研究制定股份合作经济（企业）管理办法，完善符合混合所有制经济发展的产权保护制度。进一步健全保护国有、集体、非公有产权的法律法规，切实加强对各类产权的

平等保护，防止混合所有制改革中国有资产流失和非公有资产受损。

（二）市场准入和退出法律法规

进一步健全市场准入与退出法律法规，明确规定市场主体进入和退出的条件、程序和法律责任，促使市场准入与退出便利化，提高整体经济效率。

（三）交易规则法律法规

一是建立健全合理的产权交易规则，保证不同类型出资人之间的资产交流与合作；二是建立健全公平的产品交易规则，确保企业能够在市场中获得应有的收益，保障市场机制作用的发挥。

（四）公平竞争法律法规

完善税收法律制度，严格遵守税收法律规定，严禁越权减免税收。完善社会信用法律体系，努力解决企业、个人信用缺失问题。探索实施公平竞争审查制度，打破地区和行政壁垒，维护全国统一市场和公平竞争。

第四节　分层推进国企混合所有制改革

经过多年的改革和发展，我国国有企业逐步形成了以集团母公司和众多子公司为主要特征的母子公司集团化管理模式，同时国有企业实行分级管理体制，形成了众多中央企业和地方国有企业，鉴于此，分层推进国有企业混合所有制改革十分重要。混合所有制改革应因企施策、因地制宜，针对不同层级国有企业的现状特点和股权结构，对中央企业集团母公司、子公司和地方国有企业分别实施不同的混合所有制改革路径和策略。

一、国有企业层级

中央企业集团公司、子公司和地方国有企业等不同层级的国有企业各有特点和优势，推进混合所有制改革的基础条件也各不相同，因此要充分认识和研究各层级企业的特点，一企一策，有针对性地推进改革。

（一）中央企业集团公司

中央企业集团公司主要是指由国务院国资委监管的中央一级企业和中央其他部门监管的一级企业。党的十六大明确提出，自从战略上调整国有经济布局的任务后，特别是2003年国务院国资委成立以来，中央企业战略性调整步伐加快，着力组建了一批具有较强国际竞争力的大公司、大企业集团。

我国的国有企业集团很多是伴随国企改制而组建起来的，企业组建的背景各不相同，资产结构和业务构成比较复杂。很多中央企业在集团公司层面并不开展实际的经营业务，事实上就是一个企业投资总部和管理总部。集团公司绝大部分仍然是国有独资企业，资产规模大，子公司行业分布广，业务类型差别大，股权定价更加困难。一些中央企业仍然是按照《中华人民共和国全民所有制工业企业法》和《全民所有制工业企业转换经营机制条例》等专门规范登记注册，并按照此类规范运作，企业集团公司的主要领导仍然实行任命制，执行的仍然是计划经济条件下的总经理"一把手负责制"。即使一些企业按照《公司法》的要求改制成国有独资公司，但是由于产权、人事等多方面关系没有理顺，企业改制进程相对缓慢。

（二）二级及以下子公司

二级及以下子公司主要是指由中央企业集团公司履行出资人职责并全资、控股或参股的集团公司成员企业。中央企业集团公司二级及以下企业，大多是主营业务明确、业务相对单一的实体企业，企业收入、利税情况更加清晰准确，企业资产定价更加容易。同时，子公司企业经营机制相对灵活，管理团队更加专业，职业经理人队伍更加规范，更有利于开展混合所有制改革、转换企业经营机制。

从实际来看，中央企业集团二级及以下子公司混合所有制改革已探索多年并取得一些成效。混合所有制经济是社会主义市场经济制度下国企改革发展的独特模式和重大创新，成功解决了公有制与市场经济结合的世界性难题。近年来，国有企业改革不断向纵深推进，机制层面最深刻的变化就是子公司层面的混合所有制企业日益增多，国有控股上市公司成为我国上市公司群体中的重要力量。截至2015年，全国90%以上的国有企业、72%的中央企业完成了公司制股份制改革；中央企业资产总额的52%、营业收入的60%、利润的83%来源于上市公司。在很多上市公司中，国有资本虽然是第一大股东，但从资本绝对值来讲，非公有制资本往往占有50%以上的比例。

正是在国有企业集团二级及以下子公司层面进行了大胆的股份制和股权多元化改革，中央企业子公司的股权结构和治理结构才得到极大优化。也正是这样的股权结构才成为国有上市公司保持活力和竞争力的根本制度保证，不仅把民营资本和财务投资人吸纳进来，还让全社会分享国企改革发展成果，形成了我国独具特色的融合经济。同时，在资本市场中，国有企业也接受了民营资本参与的改制，管理体制和经营机制发生了深刻变化，竞争力明显提高。中央企业大规模推进市场化改革、海内外上市，广泛开展与民营企业合作的混合所有制带动了企业机制的变革，极大地改善了中央企业子公司的股权结构和公司治理结构，也大大提高了中央企业子公司的经营效率和盈利能力。

（三）地方国有企业

地方国有企业大多是在由计划经济体制向市场经济体制转轨过程中，在特殊的经济社会发展环境及法律、政策环境中，由地方政府投资或中央划归地方管理而不断形成和发展的。与中央企业主要集中于国民经济的关键行业、发挥重大战略功能不同，地方国有企业大多分布于竞争性行业，仅有少部分是提供水、气、热等公共服务或者是服务于地方城市建设的平台类公司。由于区域发展水平、地方财力情况差距大，各地国有企业发展水平差距很大，但总体来看，地方国有企业整体规模相对较小，大多数处在竞争性领域，经营机制比较灵活，整体上更加适合开展混合所有制改革。

近年来，各级地方政府立足于从整体上搞活国有经济，抓大放小、盘活存量、优化增量，采取多种方式积极发展混合所有制经济，在混合所有制企业的组建方式、管理体制及治理结构等方面也进行了许多有益的尝试和探索，并取得了一定成效。目前，地方国有企业主要是省属企业和一部分地市所属企业，县一级的国有企业数量很少，而且主要是市政建设、基础设施、产业园区建设等领域的平台类公司。

党的十八届三中全会以来，很多地方都已经出台了深化国有企业改革的意见。其中，大力发展混合所有制是必备的重要内容，甚至很多地区已经专门出台了国有企业发展混合所有制经济的意见或试点工作方案。但是，实践中还是暴露出一些问题。例如，混合所有制改革方案不完备、审核机制不完善、国有资产评估方法不科学、程序不规范等问题。要进一步鼓励和引导地方国有企业依法合规、规范有序地推进混合所有制改革。

二、子公司层面

大多数集团公司二级及以下子公司主营业务相对都比较明确，经营也比较规范，甚至很多都已经成功上市，企业治理机制比较完善。在二级及以下企业推进混合所有制改革更加具备条件，相对也更容易，因此应当引导子公司层面有序推进混合所有制改革。

（一）推进二级及以下企业混合所有制改革

国有企业集团公司二级及以下企业，应当以研发创新、生产服务等实体企业为重点，引入非国有资本，加快技术创新、管理创新、商业模式创新。中央二级及以下企业推进混合所有制改革，甚至进行股份制改革并成功上市，可以优化企业股权结构和公司治理，有利于实现国有企业股权多元化，解决国有股

"一股独大"、内部人控制、体制机制落后、经营效率低下等问题，进而真正达到混合所有制改革的初衷和应有效果，即各种所有制资本取长补短、相互促进、共同发展的效果。

二级及以下企业包括研发创新类高新技术企业、生产制造类企业和各类服务类企业等实体企业，都可以采取出资入股、收购股权、认购可转债、股权置换、兼并重组等多种方式，引入私营、集体、外资等非国有资本，尤其是引入长期战略投资者，改组改造现有国有企业，推动企业股权多元化，优化公司股权结构和公司治理，转换企业经营机制，进而推动企业加快技术创新、管理创新和商业模式创新，提高企业活力和市场竞争力。

二级及以下子公司的混合所有制改革，可选择所谓的"并联结构"，即各子公司按业务单元进行分类混合，让每个业务单位、每个企业都有自己的混合所有制股权安排，都有自己的公司治理机制和激励约束机制。各级子公司的设立和混合所有制改革，要有更加科学的方案，合理限定子公司法人层级数量，有效缩短管理链条，压缩管理层级。

经过混合所有制改革，中央企业二级及以下业务子公司在企业集团内部和所属行业都处于充分竞争状态，始终保持一种"赛马状态"，更多依靠市场自身的压力机制激励企业提高效率和市场竞争力。中央企业各业务子公司独立的市场化运作，有利于分散和防范企业经营风险。充分混合之后的企业，完全按照市场化的机制进行运作，独立经营、自负盈亏，一旦出现经营风险，便于和母公司切割，不至于对中央企业集团整体造成重大损失。

（二）优化子公司股权结构

国有企业引入民营企业参与混合所有制改革，能够实现两者优势互补、融合发展，其中很重要的问题是它的股权比例如何安排，这就有一个预先设计的问题。现在民营企业入股国有企业的也有不少，但很多的民营企业入股，实际上很难起到各类股东相互监督和制衡的作用，未能实现体制机制的优势互补。

二级以下子公司可根据母公司混合所有制发展情况和自身发展需要，进行大胆探索，通过多种方式积极引入民间资本，如积极通过产权交易市场发布引入民间投资项目的相关信息，公开、公平、公正地进行股权的交易流转。引入的民间投资可以包括民营资本、PE 基金和个人资本等，不同投资主体可通过出资入股、收购股权、认购可转债、融资租赁等多种形式参与国企改制重组和股份制改造。

要发展混合所有制，非国有资本必须要达到一定比例，各类资本股权比例结构要相对均衡，各类股东要有相对平衡的话语权，才能真正起到在战略决策和经营管理中的影响和补充作用。中央企业子公司还没有进行混合所有制改革的，要积极创造条件，引入非国有资本，推进子公司股权结构多元化。已经进行了混合所有制改革的，要通过兼并重组、增资扩股等多种方式，适当增加非国有资本比重，降低国有资本股权比重，使各类股权比重更加均衡。

（三）股东依法行权履职

混合所有制企业的股东按照法律规定，享有同等的地位和职责，按照出资比例和公司章程的规定履行职责。混合所有制企业根据股权结构的预先安排，建立完善的董事会，以充分保障各类股东在混合所有制企业资本收益、企业重大决策和选择经营管理者等方面的权利。尤其是民间资本入股后，作为混合所有制企业的股东，必须要充分保护新入股的民营资本股东的各项权利，使其享有充分的经营管理权和分红派息权。

发展混合所有制经济，社会资本的进入推动了企业股权多元化，进而加速推动了现代企业制度和企业内部规章制度建设，实现了所有者真正到位，各类股东以董事会为平台维护各自利益。董事会以所有股东利益最大化为原则，充分行使董事会的职权，由董事会通过市场化方式选聘职业经理人，加快职业经理人队伍建设，推进核心经营团队建设和管理层持股、业务骨干持股、员工持股等方面的制度建设，确保股东权力和利益不受损害。

三、集团公司层面

中央企业集团公司大多是超大型的企业，资产规模巨大，对国民经济具有重要战略作用和重大影响。集团公司层面混合所有制改革牵涉面广，引入非国有资本参与改革的难度相对较大。因此，要慎重选择具备条件的企业集团进行个别试点，逐步探索在集团公司层面推进混合所有制改革的有效途径。

（一）特定领域集团公司混合所有制改革

特定领域集团公司主要是指关系国家安全、国民经济命脉的重要行业和关键领域，主要承担重大专项任务的国有企业集团公司。此类集团公司数量有限、规模大、企业治理更加复杂，并承担着特定使命和功能，对整个国民经济健康、可持续发展影响大，引入非国有资本进行混合所有制改革的难度相对更大。因此，在国家有明确规定的特定领域，应当坚持国有控股，形成合理的治理结构和市场化经营机制。

由于承担着特殊的功能和企业使命，国家需要保持国有独资或绝对控股，要慎重推进混合所有制改革，即使推进也要首先在重要子公司层面进行试点，逐步推进。当然，这类集团公司也要积极推进公司制、股份制改革，建立现代企业制度，形成合理的治理结构和市场化经营机制，为混合所有制改革创造条件。同时，可以选择个别具备条件的中央企业集团进行试点，为集团公司层面推进混合所有制改革积累经验。

（二）其他领域集团公司混合所有制改革

其他领域的集团公司主要是指主业处于充分竞争行业和领域的国有企业。在其他领域，鼓励通过整体上市、并购重组、发行可转债等方式，逐步调整国有股权比例，积极引入各类投资者，实现股权结构的多元化、治理机制的规范化和经营机制的市场化。

中央企业集团母公司大都是国有独资企业，过去改革都是拿出子公司优质资产进行上市或进行股权多元化改革，分离出的低效、无效资产及人员债务负担长期得不到解决。一般领域的集团公司可尝试或试点推动一级企业也就是集团公司层面的股权多元化改革。推进具备条件的集团母公司整体上市成为公众公司是集团公司层面推进混合所有制改革的重要途径。

当然，无论上市与否，集团一级企业母公司层面都可以通过引进战略投资者、兼并重组、公开募股、交换股权、中外合资、债权转股权等方式进行股份制改革，通过增持减持的股权流转和交易，实现股权结构优化，促进国有、非国有资本双向进入、交叉持股、融合发展。在股权投资者选择方面，产业关联、资源互补等有协作动机者优先选择。

集团公司层面可通过兼并重组的方式发展混合所有制经济。对于经营机制相对完善、具备条件的集团公司，可以选择行业领域相近、关联性强、产业链上下游的非国有企业，通过股权置换、交叉持股的方式，进行企业间的兼并重组，引入非国有资本参股甚至是控股中央企业集团公司，实现集团公司股权多元化，从而将集团公司改造成为混合所有制企业。

集团公司层面还可以通过发行可转换债券的方式发展混合所有制经济。选择企业治理结构比较完善、发展潜力大、资金需求量大的中央企业集团，尝试发行可转换债券，引入民间资本、非国有资本长期战略投资者，并通过在适当时机将可转换债券转换成集团公司股权，进而实现集团公司的股权多元化。

（三）推进集团公司整体上市

集团公司层面的混合所有制改革最重要的路径应该是整体改制上市。具体方式可将中央企业集团整体进行股份制改造，使其符合上市公司发行新股的要求；也可将中央企业集团公司整体注入下属已上市公司最终实现整体上市。随着我国国有资产管理体制的调整和资本市场的发展，中央企业形成了母子公司网络组织。在这个网络中，中央企业集团公司是各个层级的子公司的终极母公司（实际控制人），整体上市后，集团公司集中了优质资源，形成了以自己为中心的母子公司网络，发挥着重要的战略控制和协调作用。

在现有的制度条件下，中央企业集团公司主要是借助母子公司控制模式，将全部或大部分优质资产注入所属的上市公司。整合后集团公司与上市公司总部机构编制完全重合，只是个别部门为适应监管需要，名称有所不同，很多职能部门均为"一套机构、两块牌子"。随着国有资产管理体制改革的进一步深入，整体上市的方式也会发生变化，集团公司整体进行股份制改造并上市，或者集团公司资产全部注入所属的上市公司并与上市公司合并，实现集团公司（母公司）上市将是主要方式。

集团公司整体上市后，企业治理结构和现代企业制度更加完善，股权流动性大大增强，从而在集团公司层面深化混合所有制改革的条件也更加成熟。在集团公司层面，可以通过并购重组、股权置换等方式，吸收、合并非国有企业，引入非国有资本投资；还可以向非公有制投资者发行可转换债券、引入长期战略投资等，从而优化集团公司股权结构和治理机制，提高集团公司整体运行效率。

四、地方层面

从地方层面来说，国有企业分布范围广，情况差异大，混合所有制改革基础条件差距大。因此，国家鼓励地方从实际出发推进混合所有制改革。各地区要认真学习贯彻落实中央的要求，紧密结合各地实际，完善改革方案，区别不同情况，采取多种方式，稳妥有序地推进混合所有制改革。

（一）区别不同情况多方式推进混合所有制改革

地方国有企业引入非国有资本发展混合所有制经济，要紧密结合本地实际，采取多种方式，包括非国有资本收购国有股，参与国有企业增资扩股，认购可转换债券等。地方政府新投资项目要积极吸引社会资本参与，通过组建混合所有制企业推进项目建设，提高项目投资和运营效率。

地方国有企业具备整体上市条件的，要积极推动国企集团整体上市，这是地方混合所有制最基本、最普遍，也是最规范、最经典的一种模式。集团母公司可以通过增发新股、子公司对母公司吸收式兼并等方式实现集团整体上市。

地方具有多元化投资性质的控股集团公司，可以转化为纯粹的国有资本投资或运营公司，做地方资本运营的平台公司，只做股权投资、战略投资者，发展混合所有制的子公司，不参与企业具体的经营业务。

没有达到上市条件的国有企业，可以先进行股份制改造，在保持国有控股的同时，把部分股权转给民营、社保基金、保险基金、私募，甚至是外资。总之，这类企业通过股权转让，引入非国有资本投资者，可以形成股权多元化的股份有限公司。

对长期经营困难、发展前途和可持续经营能力堪忧的企业，要积极与非公有制企业进行资源整合、优势互补，引入民间资本投资，甚至是民间资本控股，进而改造成为非国有资本控股的混合所有制企业。

地方国有企业要进一步加大市场化改革力度，以适应市场竞争的新趋势、新要求，通过市场化方式选聘经理层，建立市场化、专业化的选人、用人机制，建立健全市场化的劳动用工制度、考核激励制度和薪酬制度，积极探索管理层和员工持股制度。

（二）总结推广地方混合所有制改革经验

鼓励地方积极探索混合所有制改革模式，遵循市场经济规律和企业发展规律，推动企业股权多元化、治理现代化，彻底转变企业经营机制，提升企业经营活力和市场竞争力。地方国有企业要勇于突破传统体制机制和思想观念的束缚，积极主动发展混合所有制企业，建立适合市场经济发展要求的企业经营体制机制。

各地要紧密结合本地实际，根据企业发展的实际情况，结合企业所处行业、盈利能力、发展潜力、经营机制、人员状况，合理选择试点企业，制定切实可行的混合所有制改革试点方案和相关配套措施，有序推进改革试点工作；在试点取得成效、充分总结经验的基础上，逐步扩大混合所有制改革的覆盖范围。

起步较早、效果明显的地区和企业，要及时总结国有企业股权多元化、企业治理机制、股权激励、员工持股等方面的经验和教训，总结提炼出可复制、可推广的经验模式和方式方法。其他地区和有条件的地方国有企业要主动学习借鉴先进地区和企业的经验，完善混合所有制改革方案，加快混合所有制改革试点进程，积极稳妥推进混合所有制改革。

参考文献

[1] 宋文阁, 刘福东. 混合所有制的逻辑: 新常态下的国企改革和民企机遇 [M]. 北京: 中华工商联合出版社, 2014.

[2] 施能自, 吴芙蓉. 新一轮国企改革的思考与操作实务 [M]. 北京: 中国经济出版社, 2017.

[3] 李锦. 新时代国企改革策 [M]. 北京: 中国经济出版社, 2017.

[4] 臧跃茹, 刘泉红, 曾铮. 促进混合所有制经济发展研究 [M]. 北京: 社会科学文献出版社, 2018.

[5] 国家发展改革委体改司. 国企混改面对面——发展混合所有制经济政策解读 [M]. 北京: 人民出版社, 2015.

[6] 张彤玉, 崔学东, 刘凤义, 等. 混合所有制理论、实践与政策 [M]. 北京: 经济科学出版社, 2016.

[7] 国企党建丛书编写组. 国有企业改革发展探索 [M]. 南宁: 广西人民出版社, 2017.

[8] 石予友. 混合所有制企业公司治理——利益冲突视角的研究 [M]. 北京: 经济管理出版社, 2010.

[9] 董梅生. 混合所有制企业股权结构选择研究 [M]. 北京: 经济管理出版社, 2017.

[10] 郑国柱. 我国国有企业混合所有制改革思考与研究 [J]. 现代工业经济和信息化, 2018, 8(3): 3-5.

[11] 邓林. 国有企业混合所有制改革下的公司治理分析 [J]. 经济研究导刊, 2017(34): 4-5.

[12] 江淼. 国企在新常态下混合所有制改革的分析 [J]. 中国国际财经 (中英文), 2017(18): 19-20.

[13] 王满萍. 浅谈国企混合所有制改革中国有资产的管理 [J]. 中国商论, 2017(14): 103-104.

[14] 姚卫军. 混合所有制改革背景下国有企业公司的治理策略 [J]. 中外企业家，2017(8): 14–15.

[15] 汤晟. 深化改革背景下国有企业发展混合所有制经济问题研究 [J]. 市场论坛，2017(8): 29–31.

[16] 史惠心. 论我国国有企业混合所有制改革 [J]. 经贸实践，2017(20): 177.

[17] 冯朝军. 新时期我国国有企业混合所有制改革路径探索 [J]. 技术经济与管理研究，2017(12): 42–46.

[18] 施春来. 国企混合所有制改革中若干焦点问题的思考 [J]. 上海市经济管理干部学院学报，2017, 15(6): 16–22.

[19] 王春晖，白云朴. 江苏省国有企业混合所有制改革的理论基础、实施路径及对策建议 [J]. 改革与开放，2017(21): 58–59, 65.

[20] 李红娟. 国企混合所有制改革难点及对策 [J]. 宏观经济管理，2017(10): 55–62.

[21] 冯烨，董娟. 助力国企改革：国有资产管理体制的完善——以出资权利与监管权力的分离为重点 [J]. 发展改革理论与实践，2018(3): 44–48, 26.

[22] 刘现伟. 积极稳妥推进国企混合所有制改革 [J]. 中国国情国力，2018(4): 9–12.

[23] 马云鹏. 刍议混合所有制在国企改革中的重要性 [J]. 财经界 (学术版)，2014(22): 271, 285.

[24] 胡志林. 国企混合所有制改革下的企业治理分析 [J]. 中国国际财经 (中英文)，2018(8): 292–293.

[25] 贾风先. 国企混改面临的挑战与思考 [J]. 企业管理，2018(4):120–121.

[26] 陈俊龙，汤昊，杨然. 国有企业分类改革与产能过剩分析——兼论混合所有制改革中的国有股最优比例 [J]. 产业组织评论，2017, 11(1): 65–80.

[27] 陈俊龙，齐平，杨然. 混合所有制改革中的国有股最优比例与员工妥善安置分析 [J]. 劳动经济评论，2017, 10(1): 176–187.

[28] 何玉长，史玉. 国有资产管理体制：改革、完善与优化 [J]. 人民论坛·学术前沿，2016(1): 27–32.

[29] 楼继伟. 以"管资本"为重点改革和完善国有资产管理体制 [J]. 时事报告 (党委中心组学习)，2016(1): 44–59.

[30] 唐昭霞. 国有企业混合所有制改革存在的问题及对策探讨 [J]. 理论探讨，2016(3): 98–101.

[31] 孟圆. 混合所有制改革背景下国有企业的公司治理问题分析 [J]. 理论观察，2016(10): 81–82.

[32] 李全文 . 推进国企混合所有制改革，建设制造强国 [J]. 中国机电工业，2018(4):
    47.

[33] 沈国岩 . 新时代国企改革发展——中央企业负责人纵论国企改革发展 [J]. 现代
    国企研究，2018(7): 10–13.

[34] 邹硕 . 国有企业混合所有制改革对策研究 [D]. 武汉：湖北工业大学，2016.

[35] 韩晓洁 . 国有企业混合所有制改革及其绩效研究 [D]. 深圳：深圳大学，2017.

[36] 张凌 . 我国国有企业混合所有制改革研究 [D]. 北京：中国财政科学研究院，
    2016.

[37] 张璐 . 国有企业混合所有制改革背景下中联重科改革路径及效果研究 [D]. 杭
    州：浙江工商大学，2018.

[38] 李胡扬 . 混合所有制改革背景下国有企业股权制衡机制研究 [D]. 首都经济贸
    易大学，2017.

[39] 胡敏 . 我国国有资本监管体制与监管模式研究 [D]. 青岛：中国海洋大学，2005.

[40] 刘小宁 . 稳步推进国企混合所有制改革 [N]. 黑龙江日报，2018–04–17(3).

[41] 高洋洋 . 国务院国资委负责人谈 2018 年国企改革：继续推进混合所有制改革，
    更加注重高质量发展 [N]. 中国建设报，2018–03–16(7).

[42] 赵立新 . 健全完善国有资本监管体制 [N]. 经济日报，2017–04–28(14).

[43] 李锦 . 混合所有制改革 国企改革的突破口 [N]. 中国证券报，2017–10–11(A04).

[44] 国务院 . 改革完善国有资产管理体制 [N]. 人民日报，2015–11–05(2).

[45] 金辉 . 深化国企改革 搭建资本管理体制框架 [N]. 经济参考报，2018–05–16(5).

[46] 王静文，应习文，孙莹，等 . 国企改革的中国历程与国际经验 [N]. 金融时报，
    2018–04–02(9).

[47] 周丽莎 . 以新时代中国特色国资国企改革理论为指导深化改革 [N]. 经济参考
    报，2018–05–07(7).

[48] 李迎博，刘明元，赵燕 . 全面深化改革：新阶段实现新作为 [N]. 洛阳日报，
    2018–05–09(3).

[49] 项安波 . 紧抓时机、推进实质性的国企改革 [N]. 中国经济时报，2018–04–
    20(7).

[50] 项安波 . 如何推动国有资本做强做优做大 [N]. 中国经济时报，2018–04–09(5).